한국 대표 시조선

이규보 외

SR&B(새로본닷컴)

이암의 〈화조구자도〉

〈베스트 논술 한국대표문학(전60권)〉을 펴내며

어린 시절의 독서는 평생의 이성과 열정을 보장해 줄 에너지의 탱크를 채우는 일입니다. 인생의 지표를 세울 수 있는 가장 믿을 만한 방법이기도 합니다.

새로 접하는 사물의 이치를 터득하려면 그 정보를 대뇌 속에 담는 프로그램이 마련되어 있어야 합니다. 그 프로그램을 구축하는 가장 효과적인 방법이 지속적인 독서입니다. 독서는 책과 나의 쌍방향적인 대화이며 만남이며 스킨십입니다.

그러나 단순한 독서만으로는 생각하는 힘과 정확히 표현하는 힘을 키울 수 없습니다. 〈베스트 논술 한국대표문학〉은 이에 유의하여 다음과 같이 편찬하였습니다.

① 초·중·고 교과서에 실린 고전 및 현대 문학 작품부터 〈삼국유사〉, 〈난중일기〉, 〈목민심서〉 등 우리의 정신을 일깨워 주고 우리에게 지혜와 용기를 준 '위대한 한국 고전'에 이르기까지 한 권 한 권을 가려 뽑았습니다.

② 각 권의 내용과 특성을 분석하여, '작가와 작품 스터디', '논술 가이드' 등을 덧붙여 생각하는 힘, 표현하는 힘을 키울 수 있도록 각 분야의 권위 학자, 논술 전문가들이 심혈을 기울였습니다.

③ 특히 현대 문학 부문은 최근 학계에서, 이 때까지의 오류를 바로잡아 정확한 텍스트를 확정한 것을 반영하였고, 고전 부문은 쉽고 아름다운 현대 국어로 재현하였습니다.

④ 각 작품에 관련된 작가의 고향을 비롯한 작품의 배경, 작품의 참고 자료 등을 일일이 답사 촬영하거나 수집·정리하여 화보로 꾸몄고, 각 작품의 갈피 갈피마다 아름다운 그림을 넣어, 작품에 좀더 친근감 있게 접근할 수 있도록 하였습니다.

이 〈베스트 논술 한국대표문학〉이 여러분이 '큰 사람', '슬기로운 사람'이 되는 데 충실한 밑거름이 되기를 바랍니다.

〈베스트 논술 한국대표문학〉 편찬위원회

정도전의 〈삼봉집〉

박팽년을 제사지내는 육신사

이조년

3대 시조집이라 일컬어지는 〈청구영언〉, 〈해동가요〉, 〈가곡원류〉(왼쪽부터)

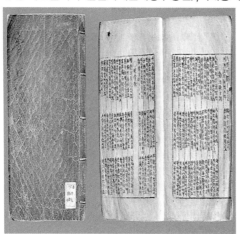

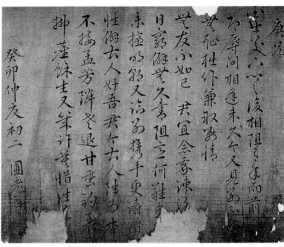

시조 〈단심가〉를 지은 정몽주와 그가 쓴 편지

윤선도의
〈산중유곡〉

길재

황희

<고산 구곡가>를 지은 율곡 이이

율곡 이이가 태어난 강릉 오죽헌의 사랑채

안평 대군의 글씨

윤선도의 <오우가> 비

이색

〈고공답주인가〉를 지은 이원익

이황의 동상

이항복

이황의 글씨

차례

한국 대표 시조선

청산*에 눈 녹인 바람 건듯 불고 간 데 없다
적은 덧* 빌어다가 불리고자 머리 위에
귀 밑에 해묵은 서리*를 녹여 볼까 하노라

한 손에 가새* 잡고 또 한 손에 매를 들고
늙는 길 가새로 막고 오는 백발 매로 치렸더니
백발이 눈치 몬저* 알고 즈름길*로 오더라

‖ 지은이 ‖

우탁(1263~1343)

고려 충선왕 때의 학자. 문과에 급제, 벼슬길에 올랐으나 곧 사직하였
다. 충숙왕이 다시 불렀으나 거절하고 역학에 전심하였다. 원나라에서 〈주
역〉을 처음으로 받아들여 조선 성리학의 초석을 쌓았다.

---

* 청산(靑山) 푸른 산. '청춘'을 뜻함.
* 적은 덧 잠깐 동안.
* 해묵은 서리 벌써 여러 해 전에 서리같이 희게 센 머리카락.
* 가새 가시가 돋힌 나뭇가지.
* 몬저 먼저.
* 즈름길 지름길.

이화*에 월백하고* 은한*이 삼경*인 제
일지 춘심*을 자규*야 알랴마난
다정도 병인 양하여 잠 못 들어 하노라

‖ 지은이 ‖

이조년(1269~1343)

고려 충렬왕 때의 문신. 호는 매운당. 1294년 문과에 급제하여 벼슬길에 올라 정당문학 예문대제학을 지냈다. 시문에 뛰어났다. 왕에게 직언을 서슴지 않는 대쪽 같은 성격을 지닌 탓에, 미움을 사 유배를 가기도 했다.

* **이화**(梨花) 배꽃.
* **월백**(月白)**하고** 달이 환하게 비치고.
* **은한**(銀漢) 은하수.
* **삼경**(三更) 한밤중 11시~새벽 1시.
* **춘심**(春心) 한 나무에 깃들인 봄뜻.
* **자규**(子規) 소쩍새. 여기서는 처절, 애원, 고독의 이미지.

가마귀* 싸우는 골에* 백로야 가지 마라
성난 가마귀 흰빛을 새오나니*
창랑*에 좋이* 씻은 몸을 더러일까* 하노라

‖ 지은이 ‖
정몽주 어머니(?~?)

---

* **가마귀** 까마귀. 이성계 일파를 가리킴.
* **골에** 골짜기에. 곳에.
* **새오나니** 시샘하나니.
* **창랑**(滄浪) 창파. 푸른 물결. 즉 군자의 깨끗한 도를 일컬음.
* **좋이** 깨끗하게.
* **더러일까** 더럽힐까.

흥망이 유수하니* 만월대*도 추초*ㅣ*로다
오백 년 왕업이 목적*에 부쳤으니
석양에 지나는 객이 눈물 겨워 하노라

눈 맞아 휘어진 대를 뉘라서 굽다턴고*
굽을 절이면 눈 속에 푸를소냐
아마도 세한고절*은 너뿐인가 하노라

‖ 지은이 ‖

원천석(?~?)

　고려 말의 학자. 호는 운곡. 고려 말의 혼란한 정계를 개탄, 치악산에 들어가 농사를 지으며 이색 등과 교유하였다. 태종이 어릴 적 운곡에게 글을 배운 바 있어 즉위하면서부터 여러 차례 벼슬을 내렸으나, 끝내 응하지 않았다.

* 유수(有數)하니 흥하고 망하는 것이 운수에 매여 있으니.
* 만월대(滿月臺) 고려 때의 궁터.
* 추초(秋草) 가을철의 풀. 곧 고려 왕조의 쇠망.
* ㅣ ‘ㅣ’는 받침 없는 글자 밑에 주로 쓰이던 주격 조사임. ‘ㅣ로다’는 ‘이로다’의 뜻.
* 목적(牧笛) 목동이 부는 피리.
* 굽다턴고 굽었다고 하였나?
* 세한고절(歲寒高節) 추운 겨울에도 변하지 않는 높은 절개.

선인교* 나린 물이 자하동에 흐르르니*
반천년 왕업이 물소래*뿐이로다
아희야 고국 흥망*을 물어 무삼*하리요

‖ 지은이 ‖

정도전(1337~1398)

　고려 말~조선 초의 문신으로, 조선 개국공신이다. 호는 삼봉. 진시에
합격, 태상 박사가 되었다. 1394년 한양 천도 때는 궁궐과 종문의 위치를
정하고, 궁과 문의 칭호를 정하였다. 숭유척불을 국시로 내세워 유학 발전
에 크게 공을 세웠다. 저서로는 〈경제육전〉, 〈조선경국전〉, 〈고려사절요〉,
〈삼봉집〉 등이 있다.

＊ 선인교(仙人橋) 개성 자하동에 있는 다리.
＊ 흐르르니 흐르니. 음률을 맞추기 위해 '르'가 덧 쓰임.
＊ 물소래 물소리.
＊ 흥망(興亡) 흥하고 망하는 일.
＊ 무삼 무엇.

구름*이 무심탄 말이 아마도 허랑하다*
중천에 떠 있어 임의로* 다니면서
구태여 광명한 날빛*을 따라가며 덮나니

‖ 지은이 ‖

이존오(1341~1371)

　고려 공민왕 때의 충신. 호는 석탄. 어렸을 때 부모를 여의었으나 20세 때 과거에 급제하였다. 감찰규정을 거쳐 우정언을 지냈다. 신돈의 횡포를 탄핵하다가 왕의 노여움을 사 시골에 내려가 은둔 생활을 했다.

---

* **구름**　간신들을 비유한 말로, 신돈을 가리킴.
* **허랑(虛浪)하다**　허황하고 착실하지 못하다.
* **임의(任意)로**　마음대로.
* **날빛**　햇빛.

하 여 가

이런들 어떠하며 저런들 어떠하리
만수산* 드렁칡*이 얽어진들 어떠리
우리도 이같이 얽어져 백 년까지 누리리라

‖ 지은이 ‖

이방원(1367~1422)

이성계의 다섯째 아들로, 후에 조선의 세 번째 왕인 태종이 되었다. 아버지를 도와 조선 건국에 크게 공헌하였다. 왕위를 차지하기 위해 '왕자의 난'을 일으켜 형제와 개국 공신들을 무참히 죽였다. 그러나 왕위에 오른 뒤에는 나라의 기틀을 세웠다.

---

* 만수산(萬壽山) 개성 서문 밖에 있는 고려 왕실의 칠릉이 있는 곳.
* 드렁칡 둔덕을 따라 뻗은 칡덩굴.

단 심 가

이 몸이 죽고 죽어 일백 번 고쳐 죽어
백골*이 진토*되어 넋이라도 있고 없고
님* 향한 일편단심*이야 가실 줄*이 이시랴

‖ 지은이 ‖

정몽주(1337~1392)

고려 말의 문신. 호는 포은. 1357년 감시에 합격한 후, 1360년 문과에 장원했다. 성균관 박사를 지냈으며, 성리학에 밝아 '동방 이학의 시조'로 불리었다. 의창을 세워 빈민 구제에 힘쓰는 등 많은 업적을 남겼으나, 이방원의 심복에 의해 선죽교에서 격살되었다. 이방원의 〈하여가〉에 화답한 시조가 〈단심가〉이다.

＊**백골**(白骨) 죽은 사람의 살이 썩은 뒤에 남는 흰 뼈.
＊**진토**(塵土) 티끌과 흙.
＊**님** 고려 우왕을 지칭.
＊**일편단심**(一片丹心) 진정에서 우러나오는 충성된 마음.
＊**가실 줄** 변할 줄.

오백 년 도읍지*를 필마*로 돌아드니
산천은 의구하되* 인걸*은 간 데 없다
어즈버* 태평연월*이 꿈이런가 하노라

‖ 지은이 ‖

길재(1353~1419)

고려 말의 학자. 호는 야은. 1386년 문과에 급제, 다음 해 성균관 박사가 되어 후진을 양성했다. 이방원이 태자가 되어 태상 박사를 주었으나 거절하고, 낙향하여 후진 양성에 힘썼다. 목은 이색, 포은 정몽주와 함께 고려 말 '3은'의 한 사람이다. 저서로 〈야은집〉이 있다.

* 도읍지(都邑地) 고려조의 서울이던 개성을 가리킴.
* 필마(匹馬) 한 필의 말.
* 의구(依舊)하되 옛날 그대로 변함이 없건만.
* 인걸(人傑) 특히 뛰어난 인재.
* 어즈버 '아! 슬프다.'는 뜻.
* 태평연월(太平烟月) 태평하고 안락한 세월.

강호 사 시 가

1
강호*에 봄이 드니 미친 흥이 절로 난다
탁료 계변*에 금린어ㅣ* 안주로다
이 몸이 한가하옴도 역군은이샷다*

2
강호에 여름이 드니 초당*에 일이 없다
유신*한 강파*는 보내느니 바람이다
이 몸이 서늘하옴도 역군은이샷다

---

* **강호**(江湖) 강과 호수. 자연.
* **탁료 계변** 막걸리를 마시며 노는 강놀이.
* **금린어**(錦鱗魚)ㅣ 금린어는 아름다운 물고기를 일컬음. '금린어ㅣ'는 '금린어가'.
* **역군은이샷다** 역시 임금의 은혜시도다.
* **초당**(草堂) 억새나 짚으로 지붕을 이은 조그마한 별채.
* **유신**(有信) 신의가 있는.
* **강파**(江波) 강의 물결.

3

강호에 가을이 드니 고기마다 살져 있다*
소정*에 그물 싣고 흘리 띄워* 더져 두고*
이 몸이 소일하옴도 역군은이샷다

4

강호에 겨울이 드니 눈 깊이 자히 남다*
삿갓 비끼* 쓰고 누역*으로 옷을 삼아
이 몸이 칩지 아니하옴도 역군은이샷다

‖ 지은이 ‖

맹사성(1360~1438)

고려 말~조선 초의 명재상. 호 고불. 1386년 문과에 급제, 예문춘추관
검열, 1407년 한성 부윤, 1408년 대사헌을 거쳐 우의정과 좌의정을 지냈
다. 조선 초기 문화 창달에 크게 기여했으며 성품이 청렴하여 벼슬에 올랐
을 때도 가난하게 살았으며, 효성이 지극하였다.

＊ **살져 있다** 살쪄 있다.
＊ **소정**(小艇) 작은 배.
＊ **흘리 띄워** 흐르게 띄워.
＊ **더져 두고** 던져 두고.
＊ **자히 남다** 한 자가 더 되다.
＊ **비끼** 비스듬히.
＊ **누역** 도롱이. 띠 따위로 엮어 걸치던 옛날 비옷의 하나.

가마귀 검다 하고 백로야 웃지 마라
겉이 검은들 속조차 검을소냐*
아마도 겉 희고 속 검을손 너뿐인가 하노라

‖ 지은이 ‖

이직(1362~1431)

　고려 말~조선 초의 문신. 호는 형재. 1400년 제2차 왕자의 난이 일어나
자, 이방원을 도와 좌명 공신의 자리에 올랐다. 1403년 판사평부사로 주
자소를 설치하여 동활자인 계미자를 만들었다. 그 후 우의정과 좌의정을
거쳐 1427년 사직하였다. 저서로는 〈형재시집〉 등이 있다.

* 검을소냐 검을 리가 있겠느냐?

대추 볼 붉은 골에 밤은 어이 뚯드르며*
벼 벤 그루에 게는 어이 내리는고*
술 익자 체장수 돌아가니 아니 먹고 어이리

‖ 지은이 ‖
황희(1363~1452)

고려 말~조선 초의 문신. 호는 방촌. 고려 왕조가 망하자 은둔하였으
나, 이성계의 간청에 못이겨 벼슬길에 올라 여러 관직을 지냈다. 농사법
개량, 예법의 개정, 외교와 문물 제도의 정비, 집현전을 중심으로 한 문물
의 진흥 등에 힘써 조선조를 통틀어 가장 뛰어난 재상으로 추앙받았다.

* 뚯드르며 떨어지며.
* 내리는고 기어다니는가.

내해* 좋다 하고 남 싫은 일 하지 말며
남이 한다 하고 의 아니면* 좇지* 마라
우리는 천성*을 지키어 생긴 대로 하리라

‖ 지은이 ‖
변계량(1369~1430)

조선 초기 때의 학자. 호는 춘정. 정몽주 · 이색 등에게서 글을 배웠으며, 1407년 문과 중시에 급제, 여러 벼슬을 거쳐 1426년 판무군 도총제부사에 이르렀다. 대제학을 지내는 동안 외교 문서를 거의 도맡아 지어 명문장가로서 이름을 떨쳤다. 시문에도 뛰어나 많은 작품을 남겼다.

---

* **내해** 나 하기에.
* **의(義) 아니면** 옳은 일이 아니면.
* **좇다** 따르다.
* **천성(天性)** 타고난 성품.

초당에 일이 없어 거문고를 베고 누워
태평성대*를 꿈에나 보렸더니
문전에 수성어적*이 잠든 나를 깨와라*

‖ 지은이 ‖
류성원(?~1456)

조선 시대의 학자. 호는 낭간. 사육신의 한 사람이다. 1444년 식년 문과
에 급제하여 저락랑이 되어 〈의방유취〉 편찬에 참여하였다. 1447년 문과
중시에 급제, 집현전 학사로 세종의 총애를 받았다. 년 문과 중시에 급제
하였으며, 〈의방유취〉편찬에 참여하였다. 그 뒤 성삼문 등과 단종 복위를
꾀하다가 탄로나 자결하였다.

＊ **태평성대(太平聖代)** 어진 임금이 다스리는 태평한 세상.
＊ **어적(漁笛)** 어부들이 부는 피리 소리.
＊ **깨와라** 깨우는도다.

간밤의 부던 바람에 눈서리 치단 말가*
낙락장송*이 다 기울어 가노매라
하물며 못다 핀 꽃이야 일러* 무삼 하리오

엊그제 부던 바람 강호에도 부돗던가*
만강주자*들은 어이구러* 지내연고*
산림에 드런 지* 오래니 기별 몰라 하노라

‖ 지은이 ‖

유응부(?~1456)

조선 초기의 무신. 호는 벽량. 무과에 급제한 뒤 첨지중추원사, 평안도
절제사를 역임하고 1455년 동지중추원사에 올랐다. 사육신의 한 사람으
로 성삼문, 박팽년 등과 단종의 복위를 꾀하다가 발각되어 죽음을 당하였
다. 학문에 뛰어나 절의파 학자로 알려졌고 기골이 장대하고 무예에 능하
였으며, 효성이 지극하였고, 재상으로서 끼니를 거를 정도로 청렴하였다.

＊**치단 말가** 몰아쳤단 말인가?
＊**낙락장송**(落落長松) 가지가 척 늘어지고 큰 소나무로, 사육신을 비롯한 지조가 뛰어난 충신
　들을 비유.
＊**일러** 말하여.
＊**부돗던가** 불었던가?
＊**만강주자**(滿江舟者) 강에 가득한 뱃사람.
＊**어이구러** 어떻게 구러.
＊**지내연고** 지내는가?
＊**드런 지** 들어온 지.

객산 문경* 하고 풍산코* 월락할 제*
주옹*을 다시 열고 싯귀를 흩부르니*
아마도 소인 득의처*는 이뿐인가 하노라

‖ 지은이 ‖

하위지(1387~1456)

조선 시대의 문신. 호는 단계. 사육신의 한 사람. 1438년 식년 문과에
장원 급제, 이 해에 사가독서를 했다. 1444년 집현전 교리에 임명되어 〈오
례의주〉의 상정에 참여하였다. 그 뒤 집현전에 등용되어 〈진설〉과 〈역대
병요〉의 편찬에 참여하였다. 1456년 단종의 복위를 꾀하다가 실패하여 거
열형을 받았다. 문장에도 뛰어났다.

＊객산 문경 손님이 다 돌아가자 문을 닫다.
＊풍산(風散)코 바람이 약해지고.
＊월락(月落)할 제 달이 질 적에.
＊주옹(酒甕) 술독.
＊흩부르니 흩어지게 부르니.
＊소인 득의처(小人 得意處) 소인의 뜻을 이뤄 기쁨을 누릴 곳.

삭풍*은 나무 끝에 불고 명월은 눈 속에 찬데
만리 변성에* 일장검* 짚고 서서
긴 파람* 큰 한소리*에 거칠 것이 없세라*

‖ 지은이 ‖

김종서(1390~1453)

조선 초기의 문신. 호는 절재. 1405년 문과에 급제한 후 사간원 우정언
을 거쳐 1433년 함길도 병마 절제사가 되어 여진족의 침입을 막아 냈으
며, 1434년에는 6진을 개척하여 두만강을 국경으로 삼았다. 그 뒤
〈고려사〉 개찬의 책임을 맡았다. 문종의 유명을 받아 단종을 돕다가, 왕위
를 노리던 수양 대군에게 두 아들과 함께 집에서 죽음을 당했다.

---

* 삭풍(朔風) 겨울철에 북쪽에서 불어오는 찬 바람.
* 만리 변성(萬里邊城) 서울에서 멀리 떨어져 있는 국경의 성. 곧 김종서가 지키던 함경도 북
  방의 6진.
* 일장검(一長劍) 한 자루의 긴 칼.
* 긴 파람 휘파람.
* 큰 소리 큰 고함 소리.
* 없세라 없구나.

방 안에 혓는* 촉불* 눌과* 이별하였관대*
겉으로 눈물지고 속타는 줄 모르는고
저 촉불 날과 같아서 속타는 줄 모르도다

‖ 지은이 ‖

이개(1417~1456)

조선 초기의 문신. 호는 백옥헌. 사육신의 한 사람이다. 1436년 문과에
급제한 후, 1441년 〈명황계감〉의 편찬과 훈민정음의 창제에 참여하였다.
그 뒤 직제학의 자리에 올랐으나, 성삼문 · 박팽년 등과 단종 복위를 꾀하
다가 발각되어 죽음을 당했다. 시문이 청절하고 글씨를 잘 썼다.

---

* 혓는 켜 있는.
* 촉(燭)불 촛불.
* 눌과 누구와.
* 이별하였관대 이별하였기에.

가마귀 눈비 맞아 희는 듯 검노매라*
야광명월* 이야 밤인들 어두우랴
님 향한 일편단심이야 고칠 줄이 있으랴

‖ 지은이 ‖

박팽년

1417~1456) 조선 초기의 문신. 호는 취금헌. 사육신의 한 사람.
1447년 문과중시에 급제, 충청도 관찰사를 거쳐 형조참판에 올랐으나
단종 복위를 꾀하다가 탄로나 처형되었다. 충청도 관찰사로 있을 때는
조정에 올리는 문서에 임금의 신하임을 뜻하는 '신'이라는 글자를 쓰지
않을 만큼 단종에 대한 신의를 지켰다. 경술과 문장·필법에 뛰어났다.

---

* **검노매라** 희여졌나 하자 곧 검는구나.
* **야광명월**(夜光明月) 밤에 빛나는 달.

수양산* 바라보며 이제를 한하노라*
주려 죽을진들* 채미*도 하는 것가
아무리 푸새엣 것*인들 귀* 뉘* 땅에 났다니*

이몸이 죽어 가서 무엇이 될고 하니
봉래산* 제일봉에 낙락장송* 되었다가
백설이 만건곤*할 제 독야청청*하리라

‖ 지은이 ‖

성삼문(1418~1456)

조선 전기의 문신. 호는 매죽헌. 사육신의 한 사람. 1438년 식년 문과에 급제, 1447년 문과 중시에 장원했다. 글씨와 문장에 능하였으며, 집현전 학사로 훈민정음 창제에 큰 공을 세웠으며, 음운의 조사, 연구에 크게 기여하였다. 단종의 복위를 꾀하다가 발각되어 거열형을 당하였다. 저서로는 〈매죽헌집〉이 있다.

---

* 수양산(首陽山) 중국 뇌수산의 별칭으로, 백이와 숙제가 숨어 살던 곳.
* 한하노라 백이와 숙제의 행위를 한탄하노라.
* 주려 죽을진들 굶어죽을지라도.
* 채미(採薇) 고사리를 캠.
* 푸새엣 것 푸성귀.
* 귀 그것이.
* 뉘 누구의.
* 났다니 났더냐.
* 봉래산(蓬萊山) 금강산.
* 낙락장송(落落長松) 가지가 축축 늘어진 큰 소나무.
* 백설(白雪)이 만건곤(慢乾坤) 흰눈이 천지에 가득함.
* 독야청청(獨也靑靑) 홀로 푸르고 푸름.

천만 리 머나먼 길에 고운 님* 여의옵고*
내 마음 둘 데 없어 냇가에 앉아이다*
저 물도 내 안* 같아야* 울어 밤길 예놋다*

‖ 지은이 ‖
왕방연(?~?)

조선 초기의 문신. 사육신을 중심으로 한 단종 복위 사건이 발각된
후 1457년 왕명에 따라 폐위된 노산군(단종)이 강원도 영월로 귀양갈
때 의금부도사로서 호송을 맡았다. 당시의 괴로운 심정을 읊은 것이 이
시조이다.

＊**고운 님** 어여쁜 임. 여기서는 단종을 가리킴.
＊**여의옵고** 이별하옵고.
＊**앉아이다** 앉아 있습니다.
＊**안** 마음 속.
＊**같아야** 같아서.
＊**울어 밤길 예놋다** 울면서 밤길을 흘러가다.

장검을 빼어 들고 백두산에 올라보니
대명 천지*에 성진*이 잠겼세라
언제나 남북풍진*을 헤쳐 볼고 하노라

적토마* 살디게* 먹여 두만강에 싯겨 셰고*
용천검* 드는 칼을 선뜻 빼쳐* 두러메고*
장부의 입신양명*을 실험할까 하노라

‖ 지은이 ‖

남이(1441~1468)

조선 전기의 무신. 1457년 17세로 무과에 급제하여 세조의 극진한
총애를 받았다. 1467년 이시애가 함경도 길주에서 반란을 일으키자 우
대장이 되어 이를 평정하였다. 예종이 즉위한 해인 1468년 초에 숙직을
하다가 혜성이 나타나자 ‘묵은 것은 사라지고 새것이 나타날 징조’라고
말한 것을 유자광이 엿듣고, 반역을 꾀한다고 모함해 죽음을 당하였다.

* 대명 천지(大明天地) 환하게 밝은 세상.
* 성진 싸움으로 인한 먼지.
* 남북풍진(南北風塵) 남만과 북적의 병란.
* 적토마 중국 삼국 시대에 관우가 탔다는 준마의 이름.
* 살디게 살찌게.
* 셰고 세우고.
* 용천검 옛 중국의 보검.
* 빼쳐 빼어.
* 입신양명(立身揚名) 출세하여 이름을 세상에 떨침.

추강에 밤이 드니 물결이 차노매라*
낚시 드리치니* 고기 아니 무노매라*
무심한 달빛만 싣고 빈 배 저어 오노라

‖ 지은이 ‖

월산대군(1454~1488)

　호는 풍월정. 조선 덕종의 맏아들, 성종의 형으로 할아버지인 세조의 총애를 받으면서 자랐다. 7세에 월산군에 봉해지고 18세에 성종이 등극하여 아버지 의경 세자가 덕종으로 추존되자, 월산 대군으로 봉해졌다. 일찍부터 학문을 좋아하고 글솜씨가 뛰어나서 그의 시작은 중국에서도 널리 애송되었다. 시문 여러 편이 〈속동문선〉에 실려 있다.

---

*차노매라　차도다.
*드리치니　드리우니.
*아니 무노매라　고기가 물지 않는구나.

삿갓에 도롱이 입고 세우 중에* 호미 메고
산전을 흩매다가* 녹음*에 누웠으니
목동이 우양*을 몰아 잠든 나를 깨와다*

‖ 지은이 ‖
김굉필(1454~1504)
조선 전기의 성리학자. 호는 한훤당. 김종직의 제자로 성리학에 정통했
으며, 1494년 참봉에 천거되고 형조 좌랑이 되었다. 무오사화에 연루되어
희천으로 귀양갔다가 조광조에게 자기의 학문을 전수하여 우리나라 유학
사의 정맥을 잇게 하였다. 1504년 갑자사화가 일어나 무오당인이라는 죄
목으로 사사되었다.

---

* 세우(細雨) 중에 가랑비 속에.
* 흩매다가 흩어매다가.
* 녹음(綠陰) 나무 그늘.
* 우양(牛羊) 소와 염소.
* 깨와다 깨우도다.

이시렴* 부디 갈다* 아니 가든 못할소냐
무단히* 싫더냐 남의 말을 들었느냐
그려도* 하* 애닯고야 가는 뜻을 일러라

‖ 지은이 ‖

성종(1457~1494)

조선 제9대 왕. 예종의 뒤를 이어 1469년에 즉위, 7년간 세조비 정희 대비의 수렴청정 뒤에 친정을 시작했다. 어려서부터 총명하고 무예와 서화에도 재능이 있어 할아버지인 세조의 총애를 받았다. 학문을 즐기고 유학을 장려하였으며, 재위 25년간 많은 업적을 남겼다. 〈경국대전〉, 〈대전속록〉, 〈악학궤범〉, 〈두시언해〉, 〈동문선〉, 〈동국통감〉, 〈동국여지승람〉 등을 편찬케 했다. 경사 백가와 성리학에 정통했으며, 사예(거문고·바둑·글씨·그림의 네 가지 기예)에도 능했다.

---

* 이시렴 있으렴.
* 부디 갈다 꼭 가려느냐.
* 무단히 까닭없이.
* 그려도 그래도.
* 하 몹시.

구버는* 천심녹수* 돌아보니 만첩청산*
십장홍진*이 언매나 가렸는고
강호에 월백하거든 더욱 무심하얘라*

농암가

농암*에 올라 보니 노안*이 유명이로다*
인사ㅣ* 변한들 산천인들 가실소냐
암전의 모수모구는 어제 본 듯하여라

‖ 지은이 ‖

이현보(1467~1555)

조선 중기의 문신. 호는 농암. 1498년 식년 문과에 급제, 사관을 거쳐
정언·호조 참판 등을 지냈다. 자연을 노래한 대표적인 문인으로, 조선 초
기 시가에서 중기 시가로 발전하게 하는 기틀을 마련하였다. 고려 때부터
전해 오던 〈어부사〉를 개작하였으며, 〈농암가〉를 비롯한 시조 다수를 남
겼다.

---

* 구버는 굽어 보면.
* 천심녹수(千深綠水) 아주 깊고 맑고 푸른 물.
* 만첩청산(萬疊靑山) 겹겹이 솟은 푸른 산.
* 십장홍진(十長紅塵) 열 길이나 쌓인 티끌.
* 무심하얘라 무심하구나.
* 농암(聾巖) 작가가 은거하던 고향의 냇가에 있는 바위 이름.
* 노안(老眼) 늙은이의 눈.
* 유명이로다 오히려 밝도다.

저 건너 일편석*이 강태공의 조대*로다
문왕*은 어디 가고 빈 대만 남았는고
석양에 물 차는 제비만 오락가락하더라

‖ 지은이 ‖

조광조(1482~1519)

조선 중기의 성리학자. 호는 정암. 1515년 알성시 을과에 급제하여 성균
관 전적ㆍ부제학ㆍ대사헌 등을 지냈다. 그 후 남곤 등의 무고로 투옥되었
다가 능주에 유배되었으나 훈구파의 끈질긴 공격으로 마침내 사사되었다.
문집으로는 〈정암집〉이 전한다.

＊ **일편석**(一片石) 한 조각의 돌.
＊ **조대** 강태공이 낚시하던 자리.
＊ **문왕**(文王) 주나라 문왕. 위수에서 낚시질하는 태공망을 만나 스승으로 삼음.

나온댜* 금일*이야 즐거온댜 오늘이야
고왕 금래에* 유 없는 금일이여
매일이 오늘 같으면 무삼 성이 가새리*

올해* 댤은 다리* 학긔* 다리 되도록애*
거믄 가마괴 해오라비 되도록애
향복 무강하샤 억만 세를 누리소서

‖ 지은이 ‖

김구(1488~1534)

조선 시대의 문신 · 서예가. 호는 자암. 1511년 별시 문과에 을과로 급제하였으며, 1519년 홍문관 부제학으로 승진하였다. 기묘사화 때 개령에 유배되었다가 풀려났다. 조선 초기 4대 서예가의 한 사람으로 독특한 인수체를 이루었다. 〈자암필첩〉, 〈우주영허첩〉 등의 글씨와 〈자암집〉 등의 저서를 남겼다.

* 나온댜 즐겁도다.
* 금일(今日) 오늘.
* 고왕금래(古往今來)에 예로부터 이제까지.
* 무삼 성이 가새리 화낼 일이 없겠구나.
* 올해 오리의.
* 댤은 다리 짧은 다리.
* 학긔 학의.
* 되도록애 되도록.

마음이 어린* 후니 하난 일이 다 어리다
만중운산*에 어늬 님 오리마난*
지난 닢* 부난 바람에 행여 그인가 하노라

마음아 너는 어이 매양*에 젊었는가
내 늙을 적이면 넨들 아니 늙을소냐
아마도 너 좇아다니다가 남 우일까* 하노라

‖ 지은이 ‖

서경덕(1489~1546)

조선 시대의 학자. 호는 화담. 일생 동안 성리학 연구에 전념하여 이기론의 본질을 연구, 우주 본질로서의 기와 이를 논하고, 기와 이의 상관 관계에서 천지 만물이 형태화하며, 음양으로 분화한다는 이기일원론을 체계화하였다. 송도(개성)의 화담에서 일생의 대부분을 보내어 후세에 박연 폭포 · 황진이와 함께 '송도 삼절'로 불렸다. 저서로는 〈화담집〉이 있다.

---

* 어린 어리석은.
* 만중운산(萬重雲山) 구름에 겹겹이 싸인 산 속.
* 오리마난 올 것이냐마는.
* 지난 닢 떨어지는 잎.
* 매양 늘. 언제나.
* 남 우일까 남을 웃길까.

청산리* 벽계수* ㅣ야, 수이 감을* 자랑 마라
일도 창해하면* 다시 오기 어려우니
명월이 만공산하니* 쉬어 간들 어떠리

동짓달 기나긴 밤을 한 허리를 버혀 내여*
춘풍 니불* 아래 서리서리* 넣었다가
어론 님* 오신 날 밤이여든 구비구비 펴리라

＊청산리(靑山裏) 푸른 산 속.
＊벽계수(碧溪水) 푸른빛이 도는 맑고 깨끗한 시냇물.
＊수이 감을 빨리 흘러감을.
＊일도 창해(一到滄海)하면 한 번 푸른 바다에 이르면.
＊명월(明月)이 만공산(滿空山)하니 밝은 달빛이 아무도 없는 산에 가득 비치다.
＊한 허리를 버혀 내여 한가운데를 베어 내어.
＊춘풍(春風) 니불 봄바람처럼 따스함이 감도는 여인의 이부자리.
＊서리서리 끈을 감아 놓은 모양.
＊어론 님 정든 사람.

내 언제 무신하여* 님을 언제 속였관대*
월침 삼경*에 온 뜻이 전혀 없네
추풍이 지는 잎소리야 낸들 어이하리요

어져* 내 일이야 그릴 줄*을 모르다냐
이시라 하더면 가랴마는* 제 구태여
보내고 그리는 정은 나도 몰라 하노라

---

* 무신(無信)하여 믿음이 없음.
* 속였관대 속였기에.
* 월침 삼경(月沈三更) 달 없는 깊은 밤.
* 어져 '아!'.
* 그릴 줄 그리워할 줄.
* 이시라 하더면 가랴마는 있으라고 붙들면 굳이 가겠느냐마는.

청산은 내 뜻이오 녹수*는 님의 정이*
녹수 흘러간들 청산이야 변할손가
녹수도 청산을 못 잊어 울어예어* 가는고

산은 옛 산이로되 물은 옛 물이 아니로다
주야에 흐르니 옛 물이 이실소냐*
인걸도 물과 같아야* 가고 아니 오난도다

‖ 지은이 ‖

황진이(?~1530)

조선 중기의 명기·시인. 본명은 진, 기명은 명월. 중종 때 진사의 서녀
로 태어나 모친의 가르침으로 사서삼경을 읽었고 시·서·음률에 모두 뛰
어났으며, 용모 또한 절색이었다. 지족선사, 서경덕, 벽계수 등 명창·율
객·문사·학자들과 사귀며 명산 대천을 찾아 놀기를 즐겨하였다. 서경
덕·박연 폭포와 더불어 송도 3절이라고 불렸다. 〈청구영언〉에 전하는 그
녀의 시조 6수는 조선 시조 문학의 걸작으로 꼽힌다.

＊녹수(綠水) 푸른 물.
＊님의 정이 님의 정이로다.
＊울어예어 울면서.
＊이실소냐 있겠느냐.
＊물과 같아야 물과 같아서.

풍상*이 섞어 친 날에 갓피온* 황국화*를
은반*에 가득 담아 옥당*에 보내오니
도리야 꽃이온 양* 마라 임의 뜻을 알괘라*

십 년을 경영하여 초려삼간 지어 내어
나 한 칸 달 한 칸에 청풍 한 칸 맡겨 두고
강산은 들일 데 없으니 둘러 두고 보리라

‖ 지은이 ‖
송순(1493~1583)
조선 시대의 문신. 호는 면앙정. 1519년 별시 문과에 급제한 뒤 대사간,
춘추관사 등을 역임하였다. 말년에는 고향에 석림정사와 면앙정을 짓고
독서와 가곡으로 유유자적하였다. 강호가도의 선구자로서 선배인 유옥의
영향을 받았으며, 정철, 임제, 기대승 등과 어울렸고, 시조 문학의 정수를
계승한 많은 작품을 남겼다. 〈면앙정가〉, 〈면앙정단가〉, 〈오륜가〉 등의 작
품과 〈면앙정집〉 등의 저서를 남겼다.

---

* 풍상(風霜) 바람과 서리.
* 갓피온 방금 피어난.
* 황국화(黃菊花) 노란 국화.
* 은반(銀盤) 은으로 만든 쟁반.
* 옥당(玉堂) 홍문관의 별칭.
* 꽃이온 양 꽃인 체
* 알괘라 알겠도다.

이리도* 태평성대 저리도* 성대태평
요지일월이요 순지건곤*이로다*
우리도 태평성대에 놀고 가려 하노라

‖ 지은이 ‖
성수침(1493~1564)
조선 시대의 학자. 호는 청송. 1519년 기묘사화 때 스승 조광조가 처형
되고 많은 선비들이 화를 당하자 벼슬길을 단념하고 두문불출, 책을 읽으
며 〈태극도〉를 베껴 조화의 근본을 탐구했다. 그 후 명종 때 여러 벼슬에
임명했으나 모두 사퇴하였다. 글씨를 잘 써서 이름이 높았으며, 많은 석학
을 배출하였다. 저서에는 〈청송집〉이 있다.

---

* 이리도 여기도.
* 저리도 저기도.
* 요지일월, 순지건곤 태평한 요순 시절을 가리킴.

전원에 봄이 드니 이 몸이 일이 하다*
꽃나무는 뉘 옮기며 약밭은 언제 갈리*
아이야 대 베어 오너라 사립* 먼저 결으리라*

‖ 지은이 ‖

성운(1497~1579)

　조선 시대의 학자. 호는 대곡. 중종 때 사마시에 급제하여 벼슬을 지냈
으나, 을사사화가 일어나 친형이 변을 당하자 벼슬을 버리고 속리산에 은
거하였다. 조정에서 여러 번 불렀으나 나아가지 않고 이지함, 서경덕, 조
식 등 명현들과 교유하며 학문에만 전념했다. 시문에도 능하였다. 저서로
는 〈대곡집〉이 있다.

＊하다　많다.
＊갈리　갈겠는가.
＊사립　도롱이와 삿갓.
＊결으리라　엮어 짜리라.

삼동*에 베옷 닙고 암혈*에 눈비 맞아
구름 낀 볏뉘*를 쬔 적이 없건마는
서산에 해 지다 하니* 눈물 겨워 하노라

두류산* 양단수* 를 예* 듣고 이제 보니
도화* 뜬 맑은 물에 산영*조차 잠겼세라
아희야 무릉*이 어디뇨 나는 옌가 하노라

‖ 지은이 ‖

조식(1501년~1572)

조선 시대의 학자. 호는 남명. 어려서부터 학문 연구에 열중하여 당시 유학계의 대학자로 추앙되었다. 지리산에 은거하여 성리학을 연구하여 독특한 경지를 이룩하였다. 벼슬에 나가지 않고 평생 동안 학문 연구와 후진 양성에 전념하였다. 저서로 〈남명집〉, 〈남명학기〉, 〈파한잡기〉 등이 있다.

---

* **삼동(三冬)** 겨울의 석 달. 한겨울.
* **암혈(岩穴)** 바위 구멍의 궁색한 거처.
* **볏뉘** 햇볕이 쪼이는 세상.
* **해 지다 하니** 해 진다 하니. 여기서는 중종의 죽음을 뜻함.
* **두류산(頭流山)** 지리산의 별칭.
* **양단수(兩端水)** 두 줄기로 갈리어 흐르는 물.
* **예** 예전에.
* **도화(桃花)** 복사꽃.
* **산영(山影)** 산 그림자.
* **무릉(武陵)** 선경 즉, 별천지를 말함.

〈도산십이곡〉 전 6곡

1

이런들 어떠하며 저런들 어떠하료*
초야 우생*이 이렇다 어떠하료
하물며 천석고황*을 고쳐 무엇하료

2

연하*로 집을 삼고 풍월*로 벗을 삼아
태평성대*에 병으로 늙어 가네
이 중에 바라는 일은 허물이나 없고쟈*

---

* 어떠하료 어떠하겠는가.
* 초야 우생(草野愚生) 시골에 묻혀 사는 어리석은 사람.
* 천석고황 산수를 사랑함이 지극하여, 마치 불치의 깊은 병에 걸린 것같이 되었음을 이르는 말.
* 연하(煙霞) 연기와 노을. 고요한 산수의 경치를 비유하는 말.
* 풍월(風月) 맑은 바람과 밝은 달.
* 태평성대(太平聖代) 어진 임금이 다스리는 태평한 세상.
* 없고쟈 없게 하고 싶다.

3
순풍*이 죽다 하니 진실로 거짓말이
인성*이 어질다 하니 진실로 옳은 말이
천하에 허다 영재*를 속여 말씀할까*

4
유란*이 재곡하니* 자연이 듣기 좋의*
백운*이 재산하니* 자연이 보기 좋의
이 중에 피미일인*을 더욱 잊지 못하얘*

---

* 순풍(淳風) 순박한 풍속.
* 인성(人性) 사람의 성품.
* 영재(英才) 슬기로운 사람.
* 속여 말씀할까 속일 수 있겠느냐?
* 유란 난초의 다른 이름.
* 재곡(在谷)하니 산골짜기에 피었으니.
* 듣기 좋의 듣기 좋구나!
* 백운(白雲) 흰 구름.
* 재산(在山)하니 산봉우리에 흩어져 있으니.
* 피미일인 저 아름다운 한 사람. 여기서는 왕을 가리킴.
* 잊지 못하얘 잊지 못하여라!

5

산전에 유대*하고 대하에 유수ㅣ로다*

떼 많은 갈매기는 오명가명하거든*

어떻다* 교교백구*는 멀리 마음 하는고*

6

춘풍에 화만산하고* 추야에 월만대라*

사시 가흥*ㅣ 사람과 한가지라

하물며 어약연비* 운영천광*이야 어내* 그지 있으리*

---

* 유대 높고 넓은 터.
* 유수(流水)ㅣ로다 물이 흐르고 있도다.
* 오명가명하거든 오며가며하는데.
* 어떻다 '어째서 그럴까?' 라는 감탄사.
* 교교백구 희고 깨끗한 말. 현인이 타는 말.
* 마음 하는고? 마음을 두느냐?
* 화만산(花滿山)하고 꽃이 산에 가득하고.
* 월만대(月滿臺) 누대에 달빛이 가득하다.
* 사시 가흥(四時佳興) 사철 아름다운 흥취.
* 어약연비(魚躍鳶飛) 뛰노는 고기와 하늘을 나는 소리개.
* 운영천광(雲影天光) 구름의 그림자와 하늘의 밝은 햇빛.
* 어내 어찌.
* 그지 있으리 끝이 있으랴?

〈도산십이곡〉후 6곡

7

천운대* 돌아들어 완락재* 소쇄한데*
만권 생애*로 낙사ㅣ* 무궁하여라
이 중에 왕래 풍류*를 일러 무엇할꼬

8

뇌정*이 파산하여도* 농자*는 못 듣나니
백일*이 중천하여도 고자*는 못 보나니
우리는 이목총명* 남자로 농고*같이 마로리*

＊천운대　도산서원 근처에 있는 누각.
＊완락재　도산서원의 서재.
＊소쇄(瀟灑)하다　기운이 깨끗하고 맑다.
＊만권생애　만 권이나 되는 서적을 쌓아 두고, 독서를 일삼는 생활.
＊낙사(樂事)ㅣ　즐거운 일이.
＊왕래 풍류(往來風流)　오고가고 하는 재미.
＊뇌정(雷霆)　우레. 천둥.
＊파산(破山)하다　산을 무너뜨리다.
＊농자(聾者)　귀머거리.
＊백일(白日)　밝은 해.
＊고자　소경. 눈먼 사람.
＊이목총명(耳目聰明)　눈도 밝고 귀도 밝음.
＊농고　귀머거리와 소경.
＊마로리　하지 않으리라.

9

고인*도 날 못 보고 나도 고인 못 뵈*

고인을 못 뵈도 예던 길* 앞에 있네

예던 길 앞에 있거든 아니 예고 어쩔꼬*

10

당시에 예던* 길을 몇 해를 버려 두고

어디가 다니다가 이제야 돌아온고

이제나 돌아오나니 년듸 마음 마로리*

11

청산은 어찌하여 만고*에 푸르르며

유수는 어찌하여 주야에 긋지 아니는고*

우리도 그치지 말아 만고상청*하리라

---

* 고인(古人) 옛적에 훌륭했던 성현들.
* 못 뵈 못 보네.
* 예던 길 고인이 가던 길.
* 아니 예고 어쩔꼬 아니 가고 어찌할 것인고.
* 예던 가던
* 년듸 마음 마로리 딴 마음 먹지 않으리.
* 만고(萬古) 한없는 세월.
* 긋지 아니는고 끊어지지 아니하는고.
* 만고상청(萬古常靑) 오랜 세월을 두고 변함없이 푸름.

12
우부*도 알며 하거니 긔* 아니 쉬운가
성인도 못다 하시니 긔 아니 어려운가
쉽거나 어렵거나 중에 늙은 줄을 몰래라*

‖ 지은이 ‖

이황(1501~1570)

조선 시대의 학자 · 문신. 호는 퇴계. 1523년 성균관에 입학, 1534년 식년 문과에 급제, 여러 벼슬을 거쳐 대사성이 되었으나, 을사사화 때 관직을 박탈당하였다. 1552년 다시 벼슬에 임명되었으나 모두 사양하고 낙향하였다. 향리에 돌아와 도산서원을 창설하여 학문 연구와 후진 양성에 전념하였다. 이언적의 주리설을 계승, 주자의 이기이원론을 발전시켜 이기호발설 등 주리론적 사상을 형성함으로써 영남학파의 이론적 토대를 마련하였다.

* 우부(愚夫) 어리석은 사람.
* 긔 그것이.
* 몰래라 모르겠도다.

이화우* 흩뿌릴 제 울며 잡고 이별한 님
추풍 낙엽*에 저도 날 생각하는가
천 리에 외로운 꿈만 오락가락하노매

‖ 지은이 ‖

계생(1513~1550)

　조선 시대의 기생 · 여류 시인. 호는 계생 · 계랑 · 매창, 본명은 이향금. 부안의 명기로 노래와 거문고에 능하고, 한시를 잘 하였다. 부안 서림공원 안에는 그를 기리는 매창시비가 세워져 있다. 작품집으로 〈매창집〉 1권이 있었다고 하나 전해지지 않고 시조 10수가 전한다.

＊ 이화우(梨花雨)　마치 비처럼 휘날리는 배꽃.
＊ 추풍 낙엽(秋風落葉)　가을 바람에 떨어지는 나뭇잎.

들은 말 즉시 잊고 본 일도 못 본 듯이
내 인사ㅣ 이러호매* 남의 시비 모를로다*
다만지* 손이 성하니 잔 잡기만 하노라

‖ 지은이 ‖
송인(1516~1584)
  조선 시대의 학자. 호는 이암. 1526년 중종의 서녀 정순 옹주와 혼인하
여 여성위가 되었다. 의빈부·충훈부·상의원 등 요직을 거쳐 도총관에
이르렀다. 경학을 연구했으며, 이황·조식·이이·성혼 등 당대의 거유들
과 강론하여 명성이 높았다. 시문과 글씨에 능했다.

* 이러호매 이러하매.
* 모를로다 모를 것이로다.
* 다만지 다만.

태산*이 높다 하되 하늘 아래 뫼*이로다

오르고 또 오르면 못 오를 리 없건마는

사람이 제 아니 오르고 뫼만 높다 하더라

‖ 지은이 ‖

양사언(1517~1584)

조선 시대의 문신 · 서예가. 호는 봉래. 1546년 식년문과에 병과로 급제, 대동승, 삼등현감, 평창군수, 강릉부사, 함흥부윤 등을 역임했다. 산수를 좋아하여 금강산에 자주 드나들었으며, 〈금강산 유람기〉를 남겼다. 해서와 초서에 뛰어났으며, 안평 대군 · 김구 · 한호와 함께 조선 초 4대 서도로 불린다. 저서로는 〈봉래집〉이 있다.

---

* 태산(泰山) 중국 산둥성에 있는 명산.
* 뫼 산.

태평 천지간에 단표*를 둘러메고
두 소매 느리혀고* 우줄우줄하는 뜻은
인세에* 걸린 일 없으니 그를 좋아하노라

‖ 지은이 ‖

양응정(1519~?)

조선 시대의 문신. 호는 송천. 1552년 식년시에 급제, 검열이 되었다. 1557년 파직당했다가 1560년 복직되어 수찬·진주목사를 거쳐 대사성에 이르렀으며, 시문에 뛰어났다. 저서에 〈송천집〉이 있다.

---

* 단표(箪瓢) 도시락과 표주박.
* 느리혀고 느직하게 끌고.
* 인세(人世)에 인간 세상에.

시비*에 개짖는다 이 산촌에 그 뉘 오리
댓잎 푸른데 봄새 울 소리*로다
아희야 날 추심*오거든 채미*갔다 하여라

지란*을 갖고자 하여 호미를 둘러 메고
전원을 돌아보니 반이나마 형극*이다
아희야 이 기음 못다 매어 해 저물까 하노라

‖ 지은이 ‖

강익(1523~1578)

　조선 시대의 학자. 호는 개암. 1549년 진사가 된 후 벼슬에 뜻을 두지
않고 학문에만 전념했다. 1566년 유생 33인의 선두에 서서 정여창의 억울
함을 풀어 달라고 상소하였다. 그 뒤 후진 양성에 힘쓰다가 소격서 참봉이
되었다.

___

*　시비(柴扉)　사립문.
*　울 소리　우는 소리.
*　추심　찾아옴.
*　채미(採薇)　고사리를 캐러 가다.
*　지란(芝蘭)　영지와 난초.
*　형극(荊棘)　가시덤불.

호화코 부귀키야 신릉군*만 할까마는
백 년 못하여서 무덤 위에 밭을 가니
하물며 여남은* 장부ㅣ야 일러 무삼 하리요*

‖ 지은이 ‖

기대승(1527~1572)

조선 시대의 학자. 호는 고봉. 1549년 사마시를 거쳐, 1558년 식년 문과
에 급제한 뒤 사관이 되었다. 그 후 주서를 거쳐 사정을 지낼 때 훈구파에
의해 삭직당했다. 공조 참의·대사간 등을 역임하였다. 특히 이황과 사단
칠정을 주제로 논란을 편 편지는 유명한 것으로, 사칠이기론의 변론 후 이
황은 그의 학식을 존중하여 대등한 입장에서 논의했다. 저서로는 〈주자문
록〉, 〈논사록〉, 〈고봉집〉 등이 있다.

＊**신릉군**(信陵君) 위나라 소왕의 아들로 식객 3천 명을 거느렸다고 한다.
＊**여남은** 다른.
＊**일러 무삼 하리요** 말하여 무엇하리요.

날이 저물거늘 나외야* 할 일 없어
송관*을 닫고 월하에 누웠으니
세상에 티끌 마음이 일호말도* 없다

계교* 이렇더니 공명*이 늦었세라
부급동남하여* 여공불급하는* 뜻을
세월이 물 흐르듯 하니 못 이룰까 하여라

‖ 지은이 ‖

권호문(1532~1587)

조선 시대의 학자. 호는 송암. 퇴계 이황의 문하에서 학문을 배웠다. 1561년에 진사에 급제했으나 연이은 부모상 때문에 벼슬에 나아가지 않고, 청성산 기슭에 무민재를 짓고 후진 양성으로 여생을 보냈다. 저서에는 〈송암집〉이 있고, 〈독락팔곡〉과 〈한거십팔곡〉 등의 시조를 남겼다.

---

* **나외야** 다시.
* **송관(松關)** 소나무 가지로 결은 빗장.
* **일호말(一毫末)도** 털끝도.
* **계교(計較)** 비교하여 서로 견주어 봄.
* **공명(功名)** 공을 세워 널리 알려진 이름.
* **부급동남** 여기저기 타향에 공부하러 감.
* **여공불급(如恐不及)하는** 시키는 대로 되지 않을까 하여 마음을 졸이는.

추산이 석양을 띠고 강심*에 잠겼는데
일간죽* 둘러메고 소정*에 앉았으니
천공*이 한가이 여겨 달을 쫓아 보내도다

‖ 지은이 ‖

유자신(1533~1612)

　광해군의 장인. 진사가 된 뒤 태릉참봉을 거쳐 형조참판을 지냈다.
1592년 임진왜란 때 동지중추부사로서 세자 광해군을 따라 강계에 갔으
며, 1595년 성천부사로 있을 때 사헌부의 탄핵을 받고 파직되었다. 그 후
한성부 판윤을 지냈다.

---

* 강심(江心)　강 속.
* 일간죽　낚싯대.
* 소정(小艇)　작은 배.
* 천공(天公)　하느님.

말 없는 청산*이요 태 없는 유수ㅣ로다*
값 없는 청풍*이요 임자 없는 명월이라
이 중에 병 없는 이 몸이 분별없이 늙으리라

‖ 지은이 ‖

성혼(1535~1598)

조선 시대의 학자. 호는 우계. 17세 때 초시에 합격하였으나 병으로 복시를 치르지 못하자 과거를 단념하고, 백인걸 문하에 들어가 경학 연구에 정진하였다. 선조가 벼슬을 내렸으나 모두 사양하고, 1592년 임진왜란 때 광해군의 부름으로 우참판 · 좌참판을 역임하였다. 이이와 교분이 두터웠으나 학설에 있어서는 이황을 지지하고 이이의 학설을 비판했다. 저서로는 〈우계집〉, 〈위학지방도〉, 〈주문지결〉 등이 있다.

＊청산(靑山) 푸른 산.
＊태 없는 유수(流水)ㅣ로다 모양이 없는 물이로다.
＊청풍(淸風) 맑고 시원한 바람.

고산구곡가

고산 구곡담*을 사람이 모르더니
주모 복거하니* 벗님네 다 오신다
어즈버* 무이*를 상상하고 학주자를 하리라

1
일곡은 어디메요* 관암*에 해 비친다
평무*에 내 거두니* 원산*이 그림이라
송간*에 녹준*을 놓고 벗 오는 양 보노라

---

* **구곡담**(九曲談) 주자학의 시조인 주희가 무이산에 있는 구곡 계곡의 아름다운 경치를 읊은
  구곡가(九曲歌)를 가리킴. '구곡 계곡'은 '아홉 굽이의 계곡'이라는 뜻임.
* **주모 복거하니** 띠풀을 베고 집터를 잡아 살아가니.
* **어즈버** 아!
* **무이**(武夷) 무이 산(우이 산). 중국 복건성(푸젠 성)에 있는 산. 구곡 계곡이 유명함.
* **어디메요** 어느 곳이오?
* **관암**(冠巖) 갓머리처럼 우뚝 솟은 바위.
* **평무**(平蕪) 잡초가 무성한 들판.
* **내 거두니** 안개가 걷히니.
* **원산**(遠山) 먼 산.
* **송간**(松間) 소나무 숲 사이.
* **녹준**(綠樽) 푸른 술통.

2
이곡은 어디메요 화암*에 춘만커다*
벽파*에 꽃을 띄워 야외로 보내노라
사람이 승지*를 모르니 알게 한들 어떠하리

3
삼곡은 어디메요 취병*에 잎 퍼졌다
녹수*에 산조*는 하상기음*하는데
반송*이 바람을 받으니 여름 경*이 없세라

---

* 화암(花岩) 꽃과 바위, 혹은 꽃이 피어 있는 바위.
* 춘만(春晚)커다 늦봄이로구나!
* 벽파(碧波) 푸른 물결.
* 승지(勝地) 경치가 좋은 곳.
* 취병(翠屛) 꽃나무 가지를 틀어 만든 병풍.
* 녹수(綠水) 맑고 푸른 물.
* 산조(山鳥) 산 새.
* 하상기음 소리를 낮추었다 높였다 함.
* 반송(盤松) 키가 작고 가지가 옆으로 퍼진 소나무.
* 경(景) 경치.

4

사곡은 어디메요 송애*에 해 넘는다
담심 암영*은 온갖 빛이 잠겼세라
임천*이 깊도록 좋으니 흥을 겨워 하노라

5

오곡은 어디메요 은병*이 보기 좋이
수변 정사*는 소쇄함*도 가이없다
이 중에 강학*도 하려니와 영월음풍* 하오리라

6

육곡은 어디메요 조협*에 물이 넓다
나와 고기와 뉘야 더욱 즐기는고
황혼에 낚대를 메고 대월귀를 하노라

---

* 송애(松崖) 소나무가 있는 낭떠러지.
* 담심 암영(潭心巖影) 못 한가운데 비친 바위 그림자.
* 임천(林泉) 수풀 속의 샘물.
* 은병 눈에 띄지 않는 절벽.
* 수변 정사 물가에 지은 글을 가르치는 집.
* 소쇄(瀟灑)함 시원하고 깨끗함.
* 강학(講學) 학문 강의.
* 영월음풍(詠月吟風) 시를 짓고 읊음.
* 조협(釣峽) 고기 낚기에 좋은 골짜기.

7
칠곡은 어디메요 풍암*에 추색* 좋다
청상*이 엷게 치니 절벽이 금수*ㅣ로다
한암*에 혼자 앉아 집을 잊고 있노라

8
팔곡은 어디메요 금탄*에 달이 밝다
옥진금휘*로 수삼 곡*을 노래하니
고조*를 알 수 없으니 혼자 즐겨 하노라

---

* 풍암(楓岩) 단풍이 뒤덮인 바위.
* 추색(秋色) 가을의 경치.
* 청상(淸霜) 깨끗한 서리.
* 금수(錦繡) 비단에 수놓은 듯 아름다움.
* 한암(寒岩) 차가운 바위.
* 금탄(琴灘) 가야금을 타듯 물 흐르는 소리가 흥겹게 들리는 여울.
* 옥진금휘 '진'은 거문고 줄을 조절하는 말뚝못을, '휘'는 거문고 앞쪽에 박아 놓은 열세 개
   의 기러기발을 말하는 것으로, 옥으로 만든 진과 금박을 박은 휘로서, 아주 값지고 좋은 거
   문고를 일컬음.
* 수삼 곡 서너 곡조.
* 고조(古調) 옛 곡조.

9
구곡은 어디메고 문산*에 세모커다*
기암괴석이 눈 속에 묻혔세라
유인*은 오지 아니하고 볼 것 없다 하더라

‖ 지은이 ‖

이이(1536~1584)

　조선 시대의 문신·학자. 호는 율곡. 어머니 신사임당으로부터 글을 배워 13세에 진사 초시에 합격하였다. 16세에 어머니를 여의고, 19세에 금강산에 들어가 불교를 연구하다가 다시 유학에 전념하여 1564년 식년 문과에 장원하여 구도장원공이라 불리었다. 이황과 더불어 조선 시대 유학사에 쌍벽으로 기발 이승 일도설을 주장했고, 또한 동서 붕당의 조정, 10만 군대의 양성 및 대동법과 사창 장려 등 정치·경제·국방에도 탁월한 활약을 하였다. 저서로는 〈동호문답〉, 〈만언봉사〉, 〈학교모범〉, 〈격몽요결〉, 〈성학집요〉, 〈중용토석〉 등이 있다.

＊문산(文山)　기암괴석이 어우러져 아름다운 곳.
＊세모(歲暮)커다　한 해의 마지막 때가 되었다.
＊유인(遊人)　놀러 다니는 사람.

쓴 나물 데운 물이 고기도곤* 맛이 이세*
초옥 좁은 줄이* 긔 더욱 내 분*이라
다만당* 님 그린 탓으로 시름 겨워 하노라

이 몸 헐어 내어 냇물에 띄우고져
이 물이 우러녜여* 한강 여흘* 되다 하면
그제야 님 그린 내 병이 헐할 법도* 있나니

＊ 고기도곤 고기보다도.
＊ 이세 있네.
＊ 좁은 줄이 좁은 것이.
＊ 분(分) 분수.
＊ 다만당 다만.
＊ 우러녜여 울며 흘러가서.
＊ 한강 여흘 큰 강 여울.
＊ 헐할 법도 나을 법도.

대 우해* 심근* 느티* 몇 해나 자랐는고
씨 지어* 난 휘초리 저같이 늙도록애
그제야 또 한 잔 잡아 다시 헌수하리라*

재 너머 성 권농* 집에 술 익닷 말* 어제 듣고
누운 소 발로 박차 언치* 놓아 지즐 타고*
아희야 네 권농 계시냐 정 좌수* 왔다 하여라

---

* 대 우해 언덕 위에.
* 심은 심은.
* 느티 느티나무.
* 씨 지어 씨 뿌려.
* 헌수(獻壽)하다 장수를 비는 술잔을 올리다.
* 성 권농 '권농'은 조선 시대에 지방의 방·면에 소속하어 농사를 장려하던 직책, 또는 그
   직책에 있던 사람을 뜻함. 여기서 '성 권농'은 작자와 절친한 사이였던 우계 성혼을 가리킴.
* 술 익닷 말 술 익었다는 말.
* 언치 안장 밑에 까는 털헝겊.
* 지즐 타고 눌러 타고.
* 정 좌수 '좌수'는 향청의 우두머리. '정 좌수'는 이 시조를 지은 정철 자신을 말함.

훈민가

아버님 날 낳으시고 어머님 날 기르시니
두 분 곧 아니시면 이 몸이 살았을까
하늘 같은 가없는* 은덕을 어데 다혀* 갚사오리*

어버이 살아신 제* 섬길 일란* 다하여라
지나간 후ㅣ면 애닯다 어찌하리
평생에 고쳐 못할 일이 이뿐인가 하노라

---

* **가없는** 끝이 없는.
* **다혀** 다해서.
* **갚사오리** 갚겠습니까?
* **살아신 제** 살아 계실 때에.
* **섬길 일란** 섬겨야 할 일이라면.

어와 저 조카야 밥 없이 어찌할고
어와 저 아자바* 옷 없이 어찌할고
머흔 일* 다 일러사라* 돌보고져 하노라

이고 진* 저 늙은이 짐 풀어 나를 주오
나는 점었거니* 돌이라 무거울까
늙기도 설웨라커든* 짐을조차* 지실까

---

* 아자바 아재비야. 아저씨야.
* 머흔 일 궂은 일.
* 일러사라 말하려무나.
* 이고 진 머리에 이고 등에 진.
* 점었거니 젊었거니.
* 설웨라커든 슬프다 하겠거든.
* 짐을조차 짐까지.

네 아들 효경* 읽더니 어도록* 배웠나니
내 아들 소학*은 모레면 마칠로다
어느제 이 두 글 배워 어질거든 보려뇨

오늘도 다 새거다* 호미 메오* 가자스라*
내 논 다 매여든* 네 논 좀 매어 주마
올 길에 뽕 따다가 누에 먹여 보자스라*

---

* 효경(孝經) 공자가 증자에게 효도에 대하여 한 말을 기록한 책.
* 어도록 어떻게.
* 소학(小學) 유자징이 주자의 가르침을 받아 지은 책.
* 새거다 새었다.
* 호미 메오 호미 메고.
* 가자스라 가자꾸나!
* 매여든 매거든.
* 보자스라 보자꾸나.

내 마음 버혀 내여* 저 달을 만들고자
구만리 장천*에 번듯이* 걸려 있어
고운 님 계신 곳에 가 비추어나 보리라

내 말 고쳐 들어 너 없으면 못 살려니
머흔 일* 굳은 일 널로 하여 다 잊거든
이제야 남 괴려* 하여 옛 벗 말고 어쩌리

---

* 버혀 내여 베어 내어.
* 장천(長天) 아득히 먼 하늘.
* 번듯이 번듯하게.
* 머흔 일 험한 일.
* 괴려 사랑하려.

무슨 일 이루리라 십년지기* 너를 좇아
내 한 일 없어서 외다* 마다* 하나니
이제야 절교편* 지어 전송하대 어떠리

---

* **십년지기**(十年知己) 오래 전부터 사귀어 온 친구.
* **외다** 그르다.
* **마다** 싫다.
* **절교편**(絕交篇) 절교를 내용으로 한 책.

이 몸이 준걸*이런들 님이 언제 버리시리
차라리 속사*이면 님을 좇아 노닐러니*
속사ㅣ도 아니니 님 못 볼가 하노라

‖ 지은이 ‖

정철(1536~1593)

조선 시대의 문신. 호는 송강. 시조와 가사문학의 대가. 서인의 대표적 인물로, 동인과의 대립으로 여러 차례 관직에서 물러나기도 하였다. 을사 사화가 일어나 부친이 유배당할 때 함께 유배지에 내려갔으며, 1551년 특사되어 온 가족이 전라도 담양으로 이주하였다. 그 후 김윤제의 문하생으로 성산 기슭의 송강가에서 10여 년간 수학하는 동안 기대승 등 당대의 석학들에게 가르침을 받고, 벼슬은 여러 관직을 거쳐 좌의정까지 올랐다. 가사 문학의 대가로서 시간과 공간을 하나로 압축한 필치로 우리말을 자유롭고 호방하게 구사하여 윤선도와 함께 우리 나라 시가 사상 쌍벽으로 일컬어진다. 저서로 〈송강집〉, 〈송강가사〉 등이 있다.

---

* **준걸**(俊傑) 다른 사람보다 재주가 뛰어난 사람.
* **속사**(俗士) 평범한 사람.
* **노닐러니** 노닐 것을.

녹초 청강상*에 굴레 벗은 말*이 되어
때때로 머리 들어 북향하여* 우는 뜻은
석양이 재 넘어가매* 임자 그려 우노라

이 뫼를* 헐어내어 저 바다를 메우면은
봉래산* 고운 님*을 걸어가도 보련마는
이 몸이 정위조*같아야 바잔일만* 하노라

‖ 지은이 ‖

서익(1542~1587)

호는 만죽헌. 1569년 별시 문과에 급제하여 종부시 첨정으로 순문관이 되어 북방에 파견되었다. 1585년 의주 목사 때 탄핵받은 이이를 변호하다가 파직되었다. 저서로 〈만죽헌집〉이 있다.

---

* **녹초 청강상(綠草晴江上)** 푸른 풀이 우거진 비 개인 강가.
* **굴레 벗은 말** 벼슬을 그만두고 자유로이 됨을 비유한 표현.
* **북향(北向)하여** 임금 계신 곳을 향하여.
* **석양(夕陽)이 재 넘어가매** 나이 든 것을 비유한 표현.
* **뫼를** 산을.
* **봉래산(蓬萊山)** 중국 전설에 등장하는, 신선들이 산다고 하는 가상적인 산.
* **고운 님** 임금을 가리킴.
* **정위조** 해변에 사는 작은 새. 옛 염제의 딸이 죽어 되었다는 새.
* **바잔일만** 배회하기만.

짚 방석 내지 마라 낙엽엔들 못 앉으랴
솔불 혀지* 마라 어제 진 달 돋아 온다
아해야 박주 산채*일망정 없다 말고 내어라

‖ 지은이 ‖
한호(1543~1605)

조선 시대의 서예가. 호는 석봉. 1567년 진사시에 합격, 가평 군수, 흡곡 현령 등 여러 벼슬을 지냈다. 어려서부터 서예에 정진하여 왕희지, 안진경의 필법을 익혀 해서, 행서, 초서 등 여러 체에 모두 뛰어났다. 서예가 한석봉으로 더 잘 알려져 있으며, 〈석봉필법〉, 〈석봉천자문〉 등의 필적이 있다.

* 혀지 켜지.
* 박주 산채(薄酒山菜) 막걸리와 산나물.

지당*에 비 뿌리고 양류*에 내* 끼인 제
사공은 어디 가고 빈 배만 매였는고
석양에 짝 잃은 갈매기는 오락가락하노매*

‖ 지은이 ‖

조헌(1544~1592)

조선 시대의 문신 · 의병장. 호는 중봉. 이이와 성혼에게서 글을 배웠으며, 1567년 식년 문과에 급제, 정주 교수를 지낸 뒤 교서관 정자를 거쳐 감찰, 통진 현감을 역임했다. 임진왜란이 일어나자 옥천에서 의병을 일으켜 왜군을 무찔렀으나, 금산 전투에서 분전하다가 전체 의병과 함께 전사하였다. 후에 영의정에 추증되었다. 저서로는 〈중봉집〉, 〈중봉동환봉사〉 등이 있다.

---

* **지당**(池塘) 연못.
* **양류**(楊柳) 수양버들.
* **내** 연기.
* **오락가락하노매** 오락가락하는구나.

한산섬 달 밝은 밤에 수루*에 혼자 앉아
큰 칼 옆에 차고 깊은 시름 하는 적에
어디서 일성호가*는 나의 애*를 끊나니

십 년 가온* 칼이 갑리*에 우노매라
관산*을 바라보며 때때로 만져 보니
장부의 위국 공훈*을 어느 때에 드리올고

‖ 지은이 ‖
이순신(1545~1598)
조선 시대의 명장. 시호는 충무. 1576년 식년 무과에 급제하여 함경도 동구비보 권관에 보직되었다. 그 후 미관 말직만을 지내다가 1591년 유성룡의 천거로 전라좌도 수군 절도사로 승진하였다. 임진왜란이 일어나자 투철한 애국심과 뛰어난 전략으로 한산도 등에서 왜군을 크게 무찔렀다. 정유재란 때 삼도 수군 통제사가 되어 명량 해전·노량 해전에서 왜군을 격파하다가 전사하였다. 충성심이 강하고 전략에 뛰어난 용장으로서 적의 기세를 꺾어 제해권을 장악했다. 저서로 〈이충무공전서〉가 있다.

* 수루(戍樓) 적군의 동정을 살피기 위하여 만든 누각.
* 일성호가 한 가락 오랑캐의 피리 소리.
* 애 창자.
* 가온 갈아 온.
* 갑리 칼집 속.
* 관산(關山) 관문.
* 위국 공훈(爲國功勳) 나라를 위해 세운 큰 공.

녹양이 천만사인들* 가는 춘풍 매어 두며
탐화 봉접*인들 지는 꽃을 어이하리
아무리 근원이 중한들 가는 님을 어이리*

‖ 지은이 ‖

이원익(1547~1634)

조선 시대의 문신. 호는 오리. 1569년 별시 문과에 급제하여 승문원 부
정자에 초임되고, 저작 · 봉사시 직장 등을 역임했다. 1573년 성절사를 따
라 명나라에 다녀온 후 호조좌랑 등 여러 벼슬을 거쳤다. 1583년 승지에
등용되었으나, 박근원의 죄에 연루되어 파직되었다. 1587년 재기용되어
그 뒤 호조 · 예조 · 이조 판서를 거쳐, 1598년에 영의정에 올랐다. 1601년
에는 삼도 도체찰사가 되어 임진왜란 후의 질서 회복에 공을 세웠다. 가사
작품으로 〈고공답주인가〉를 남겼다. 문장에 뛰어났다.

＊ 녹양(綠楊)이 천만사(千萬絲)인들 푸른 버드나무가 천만 개의 실오라기인들.
＊ 탐화 봉접(探花蜂蝶) 꽃을 찾는 벌과 나비.
＊ 어이리 어이하랴?

대 심어 울*을 삼고 솔 가꾸니* 정자이로다
백운* 덮인 데 날 있는 줄 제 뉘 알리
정반에 학 배회하니* 긔* 벗인가 하노라

‖ 지은이 ‖

김장생(1548~1631)

조선 시대의 학자. 호는 사계. 송익필, 이이의 문하생. 1578년 학행으로
천거된 뒤 창릉 참봉 등 여러 벼슬을 두루 거쳤다. 1613년 계축옥사에 심
문되었으나 무혐의로 풀리자, 곧 사임하고 학문 연구에 전념했다. 1623년
인조반정으로 다시 벼슬에 나와 지내다가, 1627년 정묘호란 때 군량미 조
달의 공을 세웠다. 예론을 깊이 연구하여 아들 집에게 계승시켜 조선 예학
의 태두로서 예학파의 주류를 이루었으며, 저서에 〈근사록석의〉, 〈가례집
람〉, 〈상례비요〉 등 다수가 있다.

---

* 울 울타리.
* 가꾸니 가꾸니.
* 백운(白雲) 흰 구름.
* 정반에 학 배회하니 뜰 가에 학이 왔다 갔다 함.
* 긔 그것이.

청초 우거진 골에 자는다* 누웠는다*
홍안을 어디 두고 백골만 묻혔나니*
잔 잡아 권할 이 없으니 그를 슬어하노라*

‖ 지은이 ‖

임제(1549~1587)

조선 시대의 문인. 호는 백호. 1577년 알성 문과에 급제하여 예조 정랑
겸 지제교를 지내다가 분당의 파쟁을 개탄하고 사임했다. 명산을 찾아 유
람하면서, 속리산에 들어가 성운에게 학문을 배웠다. 이이 · 허봉 · 양사언
등과 사귀면서 당대의 명문장가로 명성을 얻었다. 저서로 〈백로집〉 외에
한문 소설인 〈부벽루 상영록〉 등이 있다. 시조도 3수가 전한다.

---

* **자는다** 자는가.
* **누웠는다** 누웠는가.
* **묻혔나니** 묻혔느냐.
* **슬어하노라** 슬퍼하노라.

호아곡

1
아해야 도롱 삿갓 차롸* 동간*에 비지거다*
기나긴 낚대에 미늘* 없는 낚시 매어
저 고기 놀라지 마라 내 흥겨워 하노라

2
아해야 소 먹여 내어 북곽*에 새 술 먹자
대취한 얼굴을 달빛에 실어오니
어즈버 희황상인*을 오늘 다시 보았다

---

* **차롸** 차려라.
* **동간**(東澗) 동쪽 산골짜기.
* **비지거다** 비가 졌다.
* **미늘** 고기가 물면 빠지지 않게 낚시 끝에 달린 작은 갈고리.
* **북곽**(北郭) 북쪽 마을.
* **희황상인**(羲皇上人) 복희씨 이전의 사람이란 뜻. 세상 일을 초월하여 한가롭게 지내는 사람을 가리키는 말.

3
아해야 구럭망태 어두* 서산에 날 늦거다*
밤 지면 고사리 하마 아니 늙으리야
이 몸이 푸새* 아니면 조석 어이 지내려

4
아해야 죽조반* 다오 남무*에 일 많애라
서투른 따비를* 늘 마주 잡으려는*
두어라 성세궁경도 역군은이시니라

‖ 지은이 ‖

조존성(1553~1627)

조선 시대의 문신. 호는 정곡. 박지화, 성호의 문인. 1590년 증광시에 급제하여 검열이 되었다가, 서인의 탄핵을 입어 파면되었다. 인조반정으로 기용되어 형조, 호조참판 등을 지냈고 이괄의 난 때에는 검찰사로 왕을 호종한 공로로 지중추부사 겸 지의금부사가 되어 기로소에 들어갔다. 1627년 정묘호란이 일어나자 호조 판서로 세자를 따라 전주에 갔다가 돌아와 병사하였다.

＊ 어두 거두어라.
＊ 늦거다 저물었으니.
＊ 푸새 풋나물.
＊ 죽조반(粥朝飯) 아침에 먹는 죽.
＊ 남무 남쪽 밭.
＊ 따비를 밭을 가는 쟁기.
＊ 마주 잡으려는 마주 잡고 갈 것인가?

철령* 높은 봉에 쉬어 넘난 저 구름아
고신 원루*를 비삼아 띄어다가
님 계신 구중심처*에 뿌려 본들 어떠리

‖ 지은이 ‖
이항복(1556~1618)

조선 시대의 문신. 호는 백사. 1580년 알성 문과에 급제한 뒤 승문원 부정자 · 좌의정 · 영의정을 지냈다. 광해군의 폐모론에 반대하다가 관직이 삭탈되고 북청으로 유배되어 그 곳에서 죽었다. 임진왜란 중 전쟁의 뒷수습을 하는 데 힘쓴 명신으로서 당쟁 속에서도 붕당에 가담하지 않고 그 조정에 힘썼다. 저서로 〈백사집〉, 〈북천일록〉, 〈주소계의〉, 〈노사영언〉, 〈유연전〉 등이 있다.

---

* **철령**(鐵嶺) 강원도 회양군과 함경 남도 안변군 사이에 있는 재.
* **고신 원루**(孤臣怨淚) 외로운 신하의 억울한 눈물.
* **구중심처**(九重深處) 문이 겹겹이 달린 깊은 대궐. 구중궁궐.

큰 잔에 가득 부어 취토록 먹으면서
만고 영웅*을 손꼽아 헤어 보니*
아마도 유령 이백*이 내 벗인가 하노라

달이 뚜렷하여 벽공*에 걸렸으니
만고 풍상*에 떨어짐즉 하다마는
지금이 취객을 위하여 장조 금준*하노매

‖ 지은이 ‖

이덕형(1561~1613)

조선 시대의 문신. 호는 한음. 별시에 급제해 여러 관직을 거쳐, 1602년 영의정이 되었다. 광해군 때 영창 대군의 처형과 폐모론을 반대하다가 벼슬에서 쫓겨났다. 이항복과 절친한 사이로 어렸을 때 기발한 장난을 잘하여 많은 일화가 전한다. 경기도 양근에 내려가 은거하다 생을 마쳤다. 저서로 〈한음문고〉, 〈송도기이〉 등이 있다.

---

* 만고 영웅(萬古英雄) 오래토록 그 이름이 빛날 영웅.
* 헤어 보니 세어 보니.
* 이백(李白) 이 태백. 당나라 현종 때의 시인. 채석강에서 뱃놀이를 하다가 술에 취한 나머지, 물에 비친 달을 잡으려다 빠져 죽었다고 함.
* 벽공(碧空) 푸른 하늘.
* 만고 풍상(萬古風霜) 오랜 세월의 비바람과 서리.
* 장조 금준(長照金樽) 오랫동안 아름다운 술잔, 또는 술통을 비춤.

〈사친가〉의 일부

반중 조홍감*이 고아도 보이나다*
유자ㅣ 아니라도 품엄즉도 하다마난
품어 가 반길 이 없을새 글로* 설워하나이다

왕상*이 이어* 잡고 맹종*이 죽순 꺾어
검던 머리 희도록 노래자*의 옷을 입고
일생에 양지성효*를 증자*같이 하리이다

---

* **반중(盤中) 조홍(早紅)감** 쟁반 위에 놓인 붉은 감.
* **고아도 보이나다** 곱게도 보인다.
* **글로** 그로 인하여.
* **왕상** 중국의 효자로, 계모를 위하여 겨울철에 잉어를 잡아 드린 일화가 유명하다.
* **이어** 잉어.
* **맹종(孟宗)** 삼국 시대 오나라 사람. 겨울에 모친이 좋아하는 죽순을 캐다 드린 효자로 유명함.
* **노래자(老萊子)** 중국의 옛 효자. 나이 70세가 되어서도 늙은 부모를 즐겁게 해 드리려고 때 때옷을 입고 어리광을 부렸다는 일화로 유명하다.
* **양지성효** 부모의 뜻을 떠받드는 정성스러운 효도.
* **증자(曾子)** 공자의 제자로 효성이 지극했다고 전해진다.

오륜가

'부자유친' 중의 제3장

부모 섬기기를 지성으로 섬기리라
계명에 관수하고* 욱한을 묻자오며*
날마다 시측봉양*을 몰신불쇠* 하오리라

'부자유친' 중의 제4장

세상 사람들아 부모 은덕 아나산다*
부모 곧* 아니면 이 몸이 있을소냐
생사 장제*에 예로써 종시 같게 섬겨스라*

---

* 계명(鷄鳴)에 관수하고 새벽녘 닭이 울 때 손을 씻고.
* 욱한을 묻자오며 날씨가 덥고 추움을 물으며.
* 시측봉양(侍側奉養) 곁에 있으면서 어른을 모심.
* 몰신불쇠(歿身不衰) 몸이 다하도록 그치지 않음.
* 아나산다 아느냐?
* 부모 곧 부모만. 곧'은 강조의 조사.
* 생사 장제(生死葬祭) 살아계실 때와 돌아가셔서 장사하고 제사 지낼 때.
* 섬겨스라 섬기어라.

'군신유의' 중의 제4장

심산의 밤이 드니 북풍이 더욱 차다
옥루고처*에도 이 바람 부는 게오
긴 밤의 치우신가 북두* 비켜* 바래로라*

'부부유별' 중의 제3장

부부를 중타 한들 정만 중케 가질 것가*
예별없이* 거처하며 공경없이 좋을소냐
일생에 경대여빈*을 기결*같이 하오리다

---

* 옥루고처(玉樓高處) 구슬로 꾸민 다락 높은 곳.
* 북두(北斗) 북두칠성.
* 비켜 견주어.
* 바래로라 바라보노라.
* 정만 중케 가질 것가 정만 중하게 가질 것인가?
* 예별(禮別)없이 부부 유별의 예도 없이.
* 경대여빈(敬待如賓) 공경하여 대접하기를 마치 손님처럼 한다는 뜻.
* 기결 중국 춘추 시대의 진나라 사람, 아내를 지극히 경대했다 함.

'형제유애' 중의 제2장

쟁재*에 실성하여* 동기불목* 마라스라*
전지*와 노비는 값을 주면 사려니와
아무리 만금인들 형제 살 데 있느냐

'형제유애' 중의 제4장

동기로 세 몸되어 한 몸같이 지내다가
두 아운 어디 가서 돌아올 줄 모르는고
날마다 석양 문외에* 한숨 겨워 하노라

＊쟁재(爭財) 재산 싸움.
＊실성(失性)하여 이성을 잃어.
＊동기 불목(同氣不睦) 형제자매간에 화목하지 못함.
＊마라스라 말아라.
＊전지(田地) 논밭.
＊석양 문외(夕陽門外)에 해질녁 문 밖에 (서서).

'형제유애' 중의 제5장

우애 깊은 뜻이 표리없이 한 뜻 되어
이 중에 화형제*를 우린가 여겼더니
어찌타 백수* 척안*이 혼자 울 줄 알리요

'붕우유신' 중의 제1장

벗을 사귈진댄 유신케* 사귀리라
신없이 사귀며 공경* 없이 지낼소냐
일생에 구이경지*를 시종없게* 하오리라

---

* **화형제**(和兄弟) 형제간의 화목.
* **백수** 허옇게 센 머리의 늙은이.
* **척안**(隻雁) 외기러기.
* **유신**(有信)케 신의 있게.
* **공경**(恭敬) 몸가짐을 공손히 하고 존경함.
* **구이경지**(久而敬之) 두고두고 벗을 공경함.
* **시종**(始終) 없게 처음과 끝이 변함없이.

'붕우유신' 중의 제2장

언충 행독*하고 벗 사귀기 삼가오면
내 몸에 욕 없고 외다 할 이* 적거니와
진실로 삼가지 못하면 욕급기친* 하오리라

'종론' 중의 제1장

천지간* 만물 중에 사람이 최귀*하니
최귀한 바는 오륜이 아니온가
사람이 오륜을 모르면 불원금수* 하리라

＊ **언충 행독**(言忠行篤) 언사가 성실하고 행동이 독실함.
＊ **외다 할 이** 잘못이라고 말할 사람.
＊ **욕급기친** 그 욕됨이 부모에게까지 미침.
＊ **천지간**(天地間) 하늘과 땅 사이.
＊ **최귀**(最貴) 가장 귀함.
＊ **불원금수**(不遠禽獸) 금수와 같다.

〈입암가〉 22수 중 제3장

무정히 섰는 바위 유정하여 보이나다*
최령한 오인도* 직립불의* 어렵거늘
만고에 곧게 선 저 얼굴이 고칠 적이 없나다*

---

* **유정(有情)하여 보이나다** 정이 있어 보인다.
* **최령(最靈)한 오인(吾人)도** 가장 신령스러운 우리도.
* **직립불의(直立不倚)** 기대지 아니하고 곧게 섬.
* **없나다** 없구나!

자세히 살펴보면 뉘* 아니 감격하리
문자는 졸하되 성경*을 삭여시니*
진실로 숙독상미*하면 불무일조*하리라

‖ 지은이 ‖

박인로(1561~1642)

　조선 시대의 문인. 호는 노계. 임진왜란이 일어나자 의병장 정세아의 휘
하에서 별시위가 되어 왜군과 싸웠다. 이어 수군절도사 성윤문에게 발탁
되어 그 막하에서 무공을 세우고 1598년 왜군이 퇴각하자, 〈태평사〉를 지
어 병사들을 위로했다. 도학과 자연을 사상적 바탕으로 하여 우국애가 넘
치는 작품을 썼으며, 무인다운 기백으로 화려 웅장한 시풍을 이룩하였다.
정철을 계승하여 가사 문학 발전에 크게 공헌하였다. 저서로는 〈노계집〉
등이 있다.

＊ 뉘　누가.
＊ 성경(誠敬)　정성스럽게 공경함.
＊ 삭여시니　새겼으니.
＊ 숙독상미(熟讀詳味)　자세히 읽고 음미함.
＊ 불무일조(不無一助)　하나의 도움이 없지 않음.

사랑 거짓말이* 님 날 사랑 거짓말이*
꿈에 뵌닷말이* 긔 더욱 거짓말이
날같이* 잠 아니 오면 어느 꿈에 뵈이리

‖ 지은이 ‖

김상용(1561~1637)

　조선 시대의 문신. 호는 선원. 성혼의 문인. 1590년 증광 문과에 급제한
뒤 검열이 되고 그 후 여러 벼슬을 거쳤다. 1623년 인조 반정 후 집권당인
서인으로 판돈녕부사를 거쳐 예조·이조 판서를 지냈다. 저서로는 〈선원
유고〉 등이 있다.

＊ **사랑 거짓말이**　사랑한다는 거짓말이.
＊ **님 날 사랑 거짓말이**　님이 날 사랑한다는 말은 거짓말이다.
＊ **뵌닷말이**　보인다고 하는 말이.
＊ **날같이**　나같이.

님을 믿을 것가* 못 믿을 손* 님이시라
미더운 시절도 못 믿을 줄 알았어라
믿기야 어려워마는* 아니 믿고 어이리

이정구(1564~1635)

조선 시대의 문신 · 학자. 호는 월사. 윤근수의 문인이다. 1590년 증광
시에 급제, 승문원에 등용되었다. 1623년 예조판서가 되고 이괄의 난 때
왕을 공주에 호종했으며, 1627년 정묘호란 때도 병조판서로 왕을 강화도
까지 호송했다. 그 후 우의정을 거쳐 좌의정에 올랐다. 한문학과 글씨에
뛰어나 신흠 · 장유 · 이식과 함께 조선 중기의 4대 문장가로 뽑힌다. 저서
로는 〈월사집〉, 〈서연강의〉, 〈대학강화〉 등이 전한다.

---

* 믿을 것가 믿을 것인가.
* 손 것은.
* 어려워마는 어렵건마는.

풍파에 놀란 사공 배 팔아 말을 사니
구절양장*이 물도곤* 어려왜라*
이 후란 배도 말도 말고 밭갈기만 하리라

‖ 지은이 ‖

장만(1566~1629)

조선 시대의 문신. 호는 낙서. 1591년 별시 문과에 급제하여 성균관·승문원 벼슬을 거쳤다. 1601년 도승지, 1602년 주청사로 두 차례 명나라에 다녀왔다. 1607년 함경도 관찰사로서 누르하치의 침입을 경고, 그 방어책을 세울 것을 상소하고, 〈호지의 산천지도〉를 그려 바쳤다. 1624년 팔도도원수로서 영변에 주둔하고 있던 부원수 이괄이 반란을 일으키자 관군과 의병을 모집하여 반란을 평정하였다. 그 뒤 형조 판서·병조 판서 등의 관직을 지냈다. 저서로 〈낙서집〉이 있다.

---

* **구절양장**(九折羊腸) 양의 창자처럼 꼬불꼬불하고 험한 산길.
* **물도곤** 물보다.
* **어려왜라** 어렵구나.

산촌에 눈이 오니 돌길이 묻혔구나
시비를 열지 마라 날 찾을 이 뉘 있으리
밤중만 일편명월*이 긔* 벗인가 하노라

냇가에 해오라바* 무슨 일 서 있는다*
무심한 저 고기를 여어* 무엇 하려는다
아마도 한 물에 있거니 잊었은들 어떠리

---

* **일편명월**(一片明月) 한 조각의 밝은 달.
* **긔** 그것이.
* **해오라바** 해오랍아. 백로야.
* **서 있는다** 서 있느냐.
* **여어** 엿보아.

술 먹고 노는 일을 나도 원 줄* 알건마는
신릉군* 무덤 위에 밭 가는 줄 못 보신가
백 년이 역초초하니* 아니 놀고 어찌하리

‖ 지은이 ‖

신흠(1566~1628)

조선 시대의 문신 · 학자. 호는 상촌. 1586년 별시문과에 급제, 학유 · 병조좌랑을 역임했다. 임진왜란 때 양재도 찰방으로 삼도순변사 신립을 따라 전투에 참가했으나 패한 후 체찰사 정철의 종사관이 되었다. 그 후 병조 판서 · 대제학을 지냈으나 계축옥사 때 파직되었다. 인조반정 이후에 여러 벼슬을 거쳐 영의정에 올랐다. 이정구 · 장유 · 이식과 함께 조선 중기 한문 4대가의 한 사람으로 꼽힌다. 저서로는 〈상촌집〉 등이 전한다.

---

* 원 줄 그른 줄. 외다' 는 '그르다, 싫다' 의 뜻.
* 신릉군(信陵君) 중국 위나라 때의 사람으로 호화롭게 살다가 술병으로 죽음.
* 백 년이 역초초하니 한평생이 또한 수고롭고 고됨.

춘산*에 불이 나니 못다 핀 꽃 다 붙는다
이 뫼 저 불은 끌 물이나 있거니와
이 몸에 내* 없는 불이 나니 끌 물 없어 하노라

‖ 지은이 ‖

김덕령(1567~1596)

조선 시대의 의병장. 시호는 충장. 어려서부터 글을 배우다가 성혼의 문
하에 들어가서 수학하였다. 1592년 임진왜란이 일어나자 담양에서 의병
을 일으켜 용맹을 크게 떨쳤다. 1596년 왕의 신임을 질투하는 대신들과의
갈등으로 마침내 반란을 일으킨 이몽학과 내통했다고 무고함으로써 투옥
되어 옥사했다. 그 후 억울함이 밝혀져 병조판서에 추증되었다.

---

* 춘산(春山) 봄 산.
* 내 연기.

이 몸이 되올진대 무엇이 될꼬 하니
곤륜산* 상상봉*에 낙락장송 되었다가
군산*에 설만하거든* 홀로 우뚝 하리라

‖ 지은이 ‖

권필(1569~1612)

조선 시대의 문인. 호는 석주. 송강 정철의 문인. 벼슬에 뜻이 없어 시와 술을 낙으로 삼아 가난하게 살았다. 여러 문신들의 추천으로 동몽교관에 임명되었으나 끝내 취임하지 않았다. 광해군 비의 친척들의 방자한 행동이 계속되자, 궁류시를 지어 풍자한 것이 화근이 되어 유배되었다. 저서로 〈석주집〉, 〈위경천전〉 등이 있다.

---

* 곤륜산(崑崙山) 중국에서 가장 높은 산으로, 아름다운 옥이 난다고 전해짐.
* 상상봉(上上峯) 가장 높은 산머리.
* 군산(群山) 여러 산.
* 설만(雪滿)하거든 눈이 가득 쌓이거든.

가노라 삼각산*아 다시 보자 한강수야
고국 산천*을 떠나고자 하랴마는
시절이 하* 수상하니* 올동말동하여라

‖ 지은이 ‖

김상헌(1570~1652)

조선 시대의 문신 · 학자. 호는 청음. 1608년 문과 중시에 급제한 뒤 대
사헌 · 대사성 · 대제학 · 예조판서 · 이조판서 등의 여러 벼슬을 거쳤으나,
1636년 병자호란 때 척화론을 펴다가 파직되었다. 청나라의 출병 요구에
반대하다 청나라에 압송되어 6년 동안 잡혀 있었다. 글씨가 뛰어났으며,
저서로는 〈야인담록〉, 〈청음전집〉, 〈남한기략〉 등이 있다.

---

* 삼각산(三角山) 북한산.
* 고국 산천(故國山川) 고국의 산과 내.
* 하 하도.
* 수상(殊常)하니 보통과 달라 이상하니.

천지로 장막 삼고 일월로 등촉* 삼아
북해를 휘어다가 주준*에 대어 두고
남극에 노인성* 대하여 늙을 뉘*를 모르리라

‖ 지은이 ‖

이안눌(1571~1637)

    조선 시대의 문인 · 시인. 호는 동악. 1599년 정시 문과에 급제, 여러 언관직을 지냈다. 1601년 이조 · 예조의 좌랑을 역임한 후, 벼슬을 두루 거쳐 판서 겸 홍문관 제학에 이르렀다. 시를 잘 써서 이 태백에 비견되었으며 글씨도 뛰어났다.

* 등촉(燈燭) 촛불.
* 주준(酒樽) 술동이. 술통.
* 노인성(老人星) 사람 수명을 맡았다는 남쪽 하늘의 별.
* 뉘 때.

이별하던 날에 피눈물이 난지 만지*
압록강 내린 물이 푸른빛이 전혀 없네
배 우에* 허여센* 사공이 처음 보롸* 하더라

‖ 지은이 ‖

홍서봉(1572~1645)

조선 시대의 문신. 호는 학곡. 1590년 사마시에 급제하고, 교리ㆍ사성을 거쳐 1609년 중시에 급제하였으나 벼슬을 단념하고 은거했다. 1623년 인조반정에 가담하여 정사 공신이 되고, 익녕군에 봉해졌다. 이어 이조판서ㆍ예조판서ㆍ대제학ㆍ우의정ㆍ좌의정을 거쳐 영의정에 올랐다. 시에 능했으며, 저서로 〈학곡집〉이 있다.

＊ 난지 만지 난둥 만둥.
＊ 우에 위에.
＊ 허여센 머리가 허옇게 센.
＊ 보롸 보도다.

공산*이 적막한데 슬피 우는 저 두견아
촉국* 흥망이 어제 오늘 아니어늘
지금히* 피나게 울어 남의 애를 끊나니

‖ 지은이 ‖

정충신(1576~1636)

호는 만운. 조선 시대의 무신. 임진왜란 때 권율 장군 휘하에 있었고, 이
항복의 주선으로 학문과 문예를 닦았다. 무과에 급제하여 1623년에 안주
목사가 되었으며, 이괄의 난 때 공을 세워 진무 공신이 되고 금남군에 봉
해졌다. 청렴하기로 소문이 높았으며, 천문 · 지리 · 복서 · 의술 등에 해박
한 지식을 가지고 있었다. 저서에 〈만운집〉, 〈금남집〉 등이 있다.

---

* 공산(空山) 빈 산.
* 촉국(蜀國) 촉나라의 흥하고 망함.
* 지금히 지금까지.

자네 집의 술 익거든 부디 날 부르시소
내 집의 곳* 피거든 나도 자네 청해옴세*
백 년덧* 시름 잊을 일을 의논코자 하노라

‖ 지은이 ‖

김육(1580~1658)

조선 시대의 문신. 호는 잠곡. 1605년 사마시에 합격하여 벼슬길에 올랐으나, 당파 싸움에 밀려 은거 생활을 하였다. 인조반정 후 벼슬을 다시 시작하여 1638년 영의정이 되었다. 그는 특히 서양력을 잘 알아 시헌력이라는 새 역법을 쓰자고 주장했으며, 그의 경제학은 부국 안민에 목적을 두어 경제 기구 및 제도 혁신을 꾀했으며, 실학의 원조인 유형원에게 큰 영향을 끼침으로써 실학의 선구적 역할을 하였다.

* 곳 꽃.
* 청해옴세 청하겠네.
* 백 년덧 백 년 동안.

당우*를 어제 본 듯 한당송*을 오늘 본 듯
통고금* 달사리*하는 명철사*를 어떻다고
저 설 데 역력히 모르는 무부를 어이 좇으리

‖ 지은이 ‖
소춘풍(?~?)
경성의 명기.

---

* **당우(唐虞)** 중국의 도당씨와 유우씨를 아울러 이르는 말로, 덕으로 백성들을 다스리던 요순 시대를 일컫는 말.
* **한당송(漢唐宋)** 고대 중국의 한·당·송 세 나라. 중국 문화의 토대가 마련된 시대.
* **통고금(通古今)** 예나 지금이나 같음.
* **달사리(達事理)** 사리에 통달함.
* **명철사(明哲士)** 총명하고 사리에 밝은 선비.

추강* 밝은 달에 일엽주* 혼자 저어
낚대를 떨쳐 드니 잠든 백구*ㅣ 다 놀란다
어디서 일성어적*은 좇아 흥을 돕나니

공명도 잊었노라 부귀도 잊었노라
세상 번우한 일* 다 주어 잊었노라
내 몸을 내마저 잊으니 남이 아니 잊으랴

---

* 추강(秋江) 가을철의 강물.
* 일엽주(一葉舟) 한 척의 조각배.
* 백구(白鷗) 갈매기.
* 일성어적(一聲漁笛) 어부의 피리 소리.
* 번우(煩憂)한 일 번거롭고 시름겨운 일.

질가마 좋이 씻고 바회* 아래 샘물 길어
팥죽 달게 쑤고 저러지* 이끄어 내니
세상에 이 두 맛이야 남이 알까 하노라

‖ 지은이 ‖

김광욱(1580~1656)

　조선 시대의 문신. 호는 죽소. 1606년 증광시에 급제, 승문원에 등용된
후 예문관 검열을 거쳐 1611년 정언이 되었다. 이 때 이언적과 이황의 문
묘 종사를 반대하는 정인홍을 탄핵했다. 이 일 때문에 그 후 고양의 행주
에 10여 년간 은거했다. 1623년 인조 반정 후에 복관한 뒤 1649년 형조판
서·한성판윤·좌참찬 등을 역임하였다. 문예와 글씨에 뛰어났다. 저서로
〈죽소집〉이 있다.

* 바회　바위.
* 저러지　소금에 절인 김치.

수양산* 나린 물이 이제*의 원루*이 되어
주야불식*하고 여울여울 우는 뜻은
지금에 위국 충성을 못내 슬퍼하노라

‖ 지은이 ‖

홍익한(1586~1637)

조선 시대의 문신. 호는 화포. 이정구의 문인이다. 1624년 정시 문과에
장원하여 사헌부 장령을 지냈다. 병자호란 때는 척화신으로 청나라에 잡
혀가서 끝까지 항거하다가 살해되었는데, 이들 오달제 · 윤집 등을 3학사
라 한다.

---

* **수양산**(首陽山) 서우양 산. 중국 산시 성에 있는 산으로 백이 · 숙제가 굶어 죽은 곳.
* **이제**(夷齊) 은나라 주임금의 신하인 백이와 숙제.
* **원루**(怨淚) 원통한 눈물.
* **주야불식**(晝夜不息) 낮과 밤으로 쉬지 않음.

오우가

서시

내 벗이 몇이나 하니 수석과 송죽이라
동산에 달 오르니 긔 더욱 반갑고야*
두어라 이 다섯밖에 또 더 하여 무엇하리

수(水)

구름 빛이 좋다 하나 검기를 자로*한다
바람 소리 맑다 하나 그칠 적이 하노매라*
좋고도* 그칠 뉘* 없기는 물뿐인가 하노라

---

*반갑고야 반갑구나!
*자로 자주.
*하노매라 많도다!
*좋고도 많고도.
*그칠 뉘 그칠 때가.

석(石)

꽃은 무슨 일로* 피면서 쉬이 지고*
풀은 어이하여 푸르는 듯 누르나니*
아마도 변치 아닐 손* 바위뿐인가 하노라

송(松)

더우면 꽃 피고 추우면 잎 지거늘
솔아 너는 어찌 눈서리를 모르는다*
구천*에 뿌리 곧은 줄을* 글로 하여* 아노라

---

* 무슨 일로 무슨 까닭으로.
* 피면서 쉬이 지고 금방 지고.
* 누르나니 누르느냐?
* 아닐손 아니하는 것은.
* 모르는다 모르느냐?
* 구천(九泉) 아홉 겹으로 된 땅 속, 즉 죽어서 넋이 들어간다는 저승을 일컫는 말.
* 곧은 줄을 곧은 까닭을.
* 글로하여 그로 인하여.

죽(竹)

나무도 아닌 것이 풀도 아닌 것이
곧기는 뉘 시기며* 속은 어이* 비었는다*
저렇게 사시*에 푸르니 그를 좋아하노라

월(月)

작은 것이 높이 떠서 만물을 다 비추니
밤중의 광명*이 너만한 이 또 있느냐
보고도 말 아니하니 내 벗인가 하노라

---

* 뉘 시기며 누가 그렇게 시켰으며.
* 어이 어찌.
* 비었는다 비었는가?
* 사시(四時) 봄 · 여름 · 가을 · 겨울의 네 계절.
* 광명(光明) 밝은 빛.

고금영

버렸던 가얏고*를 줄 얹어 놀아 보니
청아한* 옛 소리* 반가이 나는고야
이 곡조 알 이 없으니 집 겨* 놓아 두어라

어부사시사

춘사 · 1

앞개*에 안개 걷고 뒷뫼*에 해 비친다
배 떠라* 배 떠라
밤물은 거의 지고 낮물이 밀어 온다
지국총* 지국총 어사와*
강촌* 온갖 꽃이 먼 빛이 더욱 좋다

---

* 가얏고 가야금.
* 청아(淸雅)한 맑고도 아담한.
* 옛 소리 가지고 있는 독특한 음색 및 곡조.
* 집 겨 집을 껴서.
* 앞개 앞 강.
* 뒷뫼 뒷산.
* 배 떠라 배 띄워라.
* 지국총 닻을 감을 때 나는 소리로 어부가에서 후렴으로 쓰임.
* 어사와 닻을 감을 때나 노를 저을 때에 내는 장단 소리.
* 강촌(江村) 강가에 있는 마을.

하사 · 2

연잎에 밥 싸 두고 반찬을랑 장만 마라
닻 들어라 닻 들어라
청약립*은 써 있노라 녹사의* 가져 오냐
지국총 지국총 어사와
무심한 백구*는 내 좇는가 제 좇는가

추사 · 1

물외예* 좋은 일이 어부 생애 아니더냐
배 떠라 배 떠라
어옹*을 웃지 마라 그림마다 그렸더라
지국총 지국총 어사와
사시흥*이 한가지나 추강*이 으뜸이라

---

* **청약립** 푸른 대나무 껍질로 만든 삿갓.
* **녹사의(綠蓑衣)** 도롱이. 띠 따위로 엮어 어깨에 걸쳐 두르던 우장의 한 가지로, 주로 농부들이 썼음.
* **백구(白鷗)** 갈매기.
* **물외(物外)예** 세속에서 벗어난 곳에.
* **어옹(漁翁)** 고기잡이 늙은이.
* **사시흥(四時興)** 네 계절의 흥취.
* **추강(秋江)** 가을 강.

추사 · 2

수국*에 가을이 드니 고기마다 살져 있다*
닻 들어라 닻 들어라
만경 징파*에 슬카지* 용여하자*
지국총 지국총 어사와
인간*을 돌아보니 멀도록 더욱 좋다

동사 · 4

간밤에 눈 갠 후에 경물이* 달랐고야*
이어라 이어라
앞에는 만경유리* 뒤에는 천첩 옥산*
지국총 지국총 어사와
선곈가* 불곈가 인간이 아니로다*

---

* 수국(水國) 강촌. 바다나 강을 낀 마을.
* 살져 있다 살이 올라 있다.
* 만경 징파(萬頃澄波) 아주 넓은 맑은 물결.
* 슬카지 실컷.
* 용여(容與)하자 한가롭게 지내자.
* 인간(人間) 인간계. 속세.
* 경물(景物)이 철을 따라 달라지는 풍물이.
* 달랐고야 다르구나.
* 만경유리(萬頃琉璃) 아름답고 반반한 유리 같은 바다.
* 천첩옥산(千疊玉山) 겹겹이 솟은 아름다운 산.
* 선곈가 신선계인가.
* 인간이 아니로다 인간 세상이 아니구나.

산중신곡

만흥 · 2

보리밥 풋나물을 알맞게 먹은 후에
바위 끝 물가에 슬카지* 노니노라
그 남은* 여남은* 일이야 부러워할 줄 이시랴

하우요 · 2

비 오는데 들에 가랴 사립* 닫고 소 먹여라
마히* 매양*이랴 쟁기 연장 다스려라*
쉬다가 개는 날 보아 사래 긴 밭 갈아라

---

* 슬카지 실컷. 싫증이 나도록.
* 그 남은 그 밖에.
* 여남은 다른.
* 사립 싸리나무 등으로 엮어서 만든 문.
* 마히 '마'는 장마의 옛말. 장마가.
* 매양 늘. 항상.
* 다스려라 손질하여라.

파연곡 · 1

즐기기도 하려니와 근심을 잊을 것가*
놀기도 하려니와 길기* 아니 어려우냐
어려운 근심을 알면 만수무강*하리라

견회요 · 1

슬프나 즐거우나 옳다 하나 외다* 하나
내 몸의 해올* 일만 닦고 닦을 뿐이언정
그 밖에 여남은 일*이야 분별할 줄 이시랴

＊ 것가 '것인가'의 준말.
＊ 길기 길게. 오래도록.
＊ 만수무강(萬壽無疆) 오래오래 건강하게 삶.
＊ 외다 그르다고.
＊ 해올 해야 할.
＊ 여남은 일 내가 하지 않아도 될 나머지 일.

견회요 · 4

뫼는 길고길고 물은 멀고멀고
어버이 그린 뜻은 많고많고 하고하고*
어디서 외기러기는 울고울고 가느니

‖ 지은이 ‖

윤선도(1587~1671)

조선 시대의 문신 · 시인. 호는 고산. 1612년 진사가 되고, 한때 의금부 도사를 지내기도 했으나 치열한 당쟁으로 일생을 거의 유배지에서 보냈다. 그의 시조는 정철의 가사와 함께 조선 시가에서 쌍벽을 이루고 있다. 저서로는 〈고산유고〉가 있다.

---

* 하고하고 많고 많고.

발산역 개세기*는 초패왕*의 버금*이요
추상절 열일충*은 오자서*의 우히로다
천고에 늠름 장부는 수정후*인가 하노라

‖ 지은이 ‖

임경업(1594~1646)

조선 시대의 명장. 호는 고송. 1618년 무과에 급제하였으며, 이괄의 난
때 정충신의 휘하에서 공을 세워 진무원종공신이 되었다. 청나라의 요청
으로 어쩔 수 없이 명나라 공격에 참여하였으나, 끝까지 명나라와 친하고
청나라를 배척하는 태도를 버리지 않았다.

＊ 발산역 개세기(拔山力蓋世氣) 산을 뽑을 만한 힘과 세상을 뒤엎을 만한 기상. 항우가 지은
  시의 한 구절로, 역발산 기개세(力拔山氣蓋世)라고도 한다.
＊ 초패왕(楚覇王) 중국 전국 시대의 영웅인 항우.
＊ 버금 다음 가는 차례.
＊ 추상절 열일충(秋霜節烈日忠) 가을 서리같이 엄정한 절개와 뙤약볕처럼 강한 충성.
＊ 오자서(伍子胥) 중국 춘추 시대의 초나라 사람.
＊ 수정후 관운장의 별칭.

꿈에 다니는 길이 자최 곧 나랑이면*
님이 집 창 밖에 석로*이라도 닳으련마는
꿈길이 자최 없으니 그를 슬허하노라*

반 남아 늙어시니 다시 점든* 못하여도
이후나 늙지 말고 매양 이만 하였고저
백발아 네 짐작하야 더디* 늙게 하여라

‖ 지은이 ‖

이명한(1595~1645)

조선 시대의 문신. 호는 백주. 1616년 증광 문과에 급제하여 정자 · 전적
을 거쳐 여러 벼슬을 두루 지냈다. 1623년 인조반정 이후 경연시독관을 지
냈으며, 이괄의 난 때에는 왕을 공주로 호송하고, 그 후 대사헌 · 도승지 ·
대제학 · 이조판서 · 예조판서 등을 지냈다. 글씨에도 뛰어났으며, 저서로
〈백주집〉과 시조 8수가 전한다.

---

* **나랑이면** 난다고 하면.
* **석로(石路)** 돌길.
* **슬허하노라** 슬퍼하노라.
* **점든** 젊지는.
* **더디** 천천히. 더디게.

금준*에 가득한 술을 슬커장* 기울이고
취한 후 긴 노래에 즐거움이 그지없다
어즈버 석양이 진타 마라* 달이 좇아오노매*

‖ 지 은 이 ‖

정두경(1597~1673)

조선 시대의 문신·학자. 호는 동명. 이항복의 문인이다. 1629년 별시
에 장원 급제하여 예조·공조 참판, 제학에 이르렀으나, 벼슬을 사양하고
학문에 전념하였다. 시문·서예에 뛰어났으며, 저서로 〈동명
집〉이 있다.

＊ 금준(金樽) 좋은 술독.
＊ 슬커장 실컷.
＊ 진타 마라 지난다 하지 마라.
＊ 좇아오노매 따라오는구나.

군산*을 삭평*턴들 동정호* 너를랏다*
계수를 버히던들* 달이 더욱 밝을 것을
뜻 두고 이루지 못하니 늙기 설워 하노라

‖ 지은이 ‖

이완(1602~1674)

조선 시대의 무신. 호는 매죽헌. 1624년 무과에 급제하여 여러 벼슬을 지냈다. 병자호란 때 별장으로 용전, 정방산성 전투에서 공을 크게 세워 어영대장이 되었다. 1653년에 훈련대장이 되었고, 뒤에 수어사 · 포도대장 · 우의정에 올랐다.

---

* 군산(君山) 중국 동정호(퉁팅 호) 안에 있는 산. 동정호는 호남성(후난 성)에 있는 중국 제일의 호수임.
* 삭평(削平) 평탄하게 깎음.
* 너를랏다 넓을 것이었도다.
* 버히던들 베었던들.

술을 취하게 먹고 두렷이* 앉았으니
억만 시름이 가노라 하직한다
아해야 잔 가득 부어라 시름 전송*하리라

‖ 지은이 ‖

정태화(1602~1673)

조선 시대의 문신. 호는 양파. 1628년에 별시에 급제한 뒤, 이조좌랑·부응교 등을 거쳐 1635년 사간이 되었다. 1637년 소현세자를 배행하여 선양에 다녀왔으며, 평안도 관찰사에 이어 이조참판이 되었다. 1646년 공조판서가 되고 이듬해 우의정을 거쳐 좌의정으로 사은사가 되어 청나라에 다녀왔다. 1658년 영중추부사가 되고 다음해에 영의정에 올랐다. 저서로 〈양파유고〉, 〈양파연기〉 등과 시조 1수가 전한다.

---

* 두렷이 둥글게.
* 전송(餞送) 전별하여 떠나 보냄.

청춘에 곱던 양자* 님으로야* 다 늙었다
이제 님이 보면 날인 줄 알으실까
아무나 내 형용 그려다가 님의 손대* 드리고자

‖ 지은이 ‖

강백년(1603~1681)

조선 시대의 문신. 호는 설봉. 1646년 문과 중시에 급제하여 동부승지
가 되고, 좌참찬을 거쳐 예조판서에 올랐다. 문명이 높았다. 저서에는 〈설
봉집〉과 〈한계만록〉 등이 있다.

---

* **양자**(樣姿) 모양.
* **님으로야** 님으로 말미암아.
* **님의 손대** 님에게.

청산도 절로절로* 녹수도 절로절로
산 절로 수 절로 산수간에 나도 절로
이 중에 절로 자란 몸이 늙기도 절로 하리라

‖ 지은이 ‖

송시열(1607~1689)

　조선 시대의 문신. 호는 우암. 김장생·김집의 문인. 1633년 생원시에
장원, 경릉 참봉이 되었다. 병자호란 때 왕을 호종하여 남한산성에 들어갔
으나 화의가 성립되자 낙향하였다. 1689년 세자 책봉의 일로 숙종의 노여
움을 사 사약을 받았다. 이이의 학통을 계승하여 기호학파의 주류를 이루
었으며, 일생을 주자학에 바쳤다. 저서로는 〈주자대전차의〉, 〈논맹문의통
교〉, 〈우암집〉 등 다수가 있다.

＊ **절로절로**　스스로. 자연대로.

닫는 말 서서 늙고 드는 칼 보미거다*
무정 세월은 백발을 재촉하니
성주*의 누세홍은*을 못 갚을까 하노라

‖ 지은이 ‖

유혁연(1616~1680)

조선 시대의 무신. 호는 야당. 1644년 무과에 급제하여 덕산 현감 · 선천 부사 등을 거쳐 삼도 수군 통제사 · 포도대장 · 훈련대장 · 공조판서를 지냈다. 1678년 훈련대장에 재임되어 총융사를 겸직하다가 1680년 경신 대출적에 연루되어 경상도 영해로 귀양갔다가 제주도 대정으로 옮기어 그곳에서 죽었다. 글씨와 죽화에 뛰어났으며 작품으로 시조 1수가 전한다.

＊ 보미거다 녹이 슬다.
＊ 성주(聖主) 덕이 크신 임금님.
＊ 누세홍은(累世鴻恩) 대대로 받은 넓은 은혜.

청강에 비 듣는 소리* 긔 무엇이 우습관대
만산홍록*이 휘들으며 웃는고야*
두어라 춘풍이 몇 날이리 웃을 대로 웃어라

청석령* 지나거냐 초하구*ㅣ 어디메냐
호풍*도 참도 찰사* 궂은비는 무슨 일고
아무나 행색* 그려 내어 님 계신 데 드리고저

‖ 지은이 ‖

효종(1619~1659)

　조선 제17대 왕. 호는 죽오. 인조의 둘째 아들로 1626년 봉림대군에 봉해졌다. 병자호란 때 소현세자 등과 함께 청나라에 8년간 볼모로 잡혀가 있었다. 1645년 소현세자가 죽자 세자에 책봉되어 1649년에 즉위하였다. 오랜 볼모 생활로 청나라에 대해 격렬한 적개심을 품고 있어 원한을 풀기 위해 북벌 계획을 세웠으나, 뜻을 이루지 못하였다. 김육의 주장으로 대동법을 실시했고 상평통보를 주조하는 등 경제 시책에 많은 업적을 남겼다.

---

* 비 듣는 소리　비 떨어지는 소리.
* 만산홍록(滿山紅綠)　산에 가득한 꽃과 풀.
* 웃는고야　웃는구나!
* 청석령　평안 북도 의주 근처에 있는 지명.
* 초하구　평안 북도 의주 근처에 있는 지명.
* 호풍(胡風)　오랑캐 땅에서 부는 바람.
* 참도 찰사　차기도 차다.
* 행색(行色)　나그네의 옷차림새.

세상 사람들이 입들만 성하여서*
제 허물 전혀 잊고 남의 흉 보는괴야*
남의 흉 보거라 말고* 제 허물을 고치고자

‖ 지은이 ‖

인평대군(1622~1658)

조선 16대 왕 인조의 셋째 아들. 이름은 요, 호는 송계. 1636년 병자호
란 때에는 아버지인 인조를 남한산성에 호종하였으며, 1640년 청나라에
볼모로 가 있다가 이듬해 풀렸다. 1650년 이후 네 차례에 걸쳐 사은사로
청나라에 다녀왔다. 병자호란으로 인하여 자신의 비분을 읊은 시가 있다.
제자백가에 일가견이 있었으며, 서예와 글씨에도 능하였다.

---

* 성하여서 살아서.
* 남의 흉 보는괴야 남의 흉만 보는구나!
* 보거라 말고 보려고 하지 말고.

동창*이 밝았느냐 노고지리* 우지진다*
소칠* 아이는 여태 아니 일었느냐*
재 너머 사래* 긴 밭을 언제 갈려 하느니

‖ 지은이 ‖

남구만(1629~1711)

조선 시대의 문인. 호는 약천. 1656년 별시 문과에 급제한 뒤 여러 요직
을 거쳤으며 소론의 영수가 되었다. 영의정의 자리에 올랐으나, 남인이 득
세하자 강릉으로 유배를 당하였다. 갑술옥사 후 다시 영의정에 기용되었
으나, 장희빈을 도와 주다가 숙종이 사사를 결정하자 낙향하여 학문에 정
진하였다. 저서로는 〈약천집〉, 〈주역참동계주〉 등이 있다.

---

* 동창(東窓) 동쪽으로 난 창.
* 노고지리 종달새.
* 우지진다 우짖는다.
* 소 칠 소를 기를.
* 일었느냐 일어났느냐?
* 사래 이랑.

정우정* 돌아들어 최락당* 한가한데
금서생애*로 낙사ㅣ* 무궁하다마는
이 밖에 청풍명월이야 어내* 끝이 있으랴

남으로서 친한 사람 벗이라 일렀으니
유신곳 아니하면* 사괼* 줄이 있을소냐
우리는 어진 벗 알아서 책선*을 받아 보리라

---

* **정우정** 낭원군이 독서하던 정자.
* **최락당**(最樂堂) 낭원군의 호를 따라 지은 서재.
* **금서생애**(琴書生涯) 거문고와 서책을 즐기는 생활.
* **낙사**(樂事)ㅣ 즐거운 일이.
* **어내** 어찌.
* **유신곳 아니하면** 믿음이 있지 아니하면.
* **사괼** 사귈.
* **책선**(責善) 착한 일을 권함.

어버이 날 낳으셔 어질과자* 길러 내니
이 두 분 아니시면 내 몸 나서 어질소냐*
아마도 지극한 은덕을 못내* 갚아 하노라

‖ 지은이 ‖

이간(1640~1699)

조선 시대의 왕족. 선조의 아들인 인흥군의 둘째 아들. 호는 최락당이
다. 낭원군에 봉해진 뒤 도정을 거쳐 1676년 사은사로 두 차례 청나라에
다녀왔다. 형 낭선군과 함께 전서·예서를 잘 썼다. 글씨에 〈송광사 사원
사적비〉, 〈백력사 사적비〉 등이 있다.

---

* 어질과자 어질게 만들고자.
* 어질소냐 어질 것인가?
* 못내 못다.

감장새* 작다 하고 대붕*아 웃지 마라
구만 리 장천*을 너도 날고 저도 난다
두어라 일반 비조ㅣ니* 네오 긔오* 다르랴

‖ 지은이 ‖

이택(1651~1719)

조선 시대의 무인. 1676년 무과에 급제한 뒤 선전관·고산 첨사를 거쳐
도총부 경력·부산 첨사·평안 병사에까지 이르렀으나 사퇴했다.

---

* 감장새 굴뚝새.
* 대붕(大鵬) 상상 속의 큰 새로, 하루에 9만 리나 날아간다고 함.
* 구만 리 장천(九萬里長天) 머나먼 하늘.
* 일반(一般) 비조(飛鳥)ㅣ니 다 같은 나는 새이니.
* 네오 긔오 너나 그것이나.

흉중에 불이 나니 오장*이 다 타 간다
신농씨* 꿈에 보아 불 끌 약 물어 보니
충절과 강개*로 난 불이니 끌 약 없다 하더라

‖ 지은이 ‖

박태보(1654~1689)

조선 시대의 문신. 호는 정재. 1677년 알성시에 급제한 뒤, 전적을 거쳐 교리 · 이조좌랑 · 암행어사 등을 역임했다. 1689년 숙종이 장희빈의 말에 속아 인현 왕후를 폐비시키려 하자, 그것의 부당함을 간하다가 왕의 노여움을 사 심한 국문을 당하고 진도로 유배 도중 국문 후유증으로 노량진에서 숨졌다. 저서로 〈정재집〉이 있다.

---

* **오장**(五臟) 한방에서 다섯 가지 내장을 통틀어 이르는 말, 즉 간장 · 심장 · 비장 · 폐장 · 신장.
* **신농씨**(神農氏) 중국 전설 속의 제왕. 백성들에게 처음으로 농사 짓는 법을 가르쳤다고 함.
* **강개**(慷慨) 의기가 북받치어 분개함.

벼슬을 저마다 하면 농부할 이 뉘 있으며
의원이 병 고치면 북망산*이 저러하랴
아해야 잔 가득 부어라 내 뜻대로 하리라

거문고 술* 꽂아 놓고 호젓이 낮잠든 제
시문* 견폐성에 반가온 벗 오도괴야*
아희야 점심도 하려니와 외자 탁주* 내어라

‖ 지은이 ‖

김창업(1658~1721)

조선 시대의 문인 · 화가. 호는 노가재 또는 석교. 1681년 진사가 되었으나, 벼슬에 뜻을 두지 않고 농사를 지으며 전원 생활을 했다. 1712년 큰형 창집과 함께 청나라 연경에 다녀와 〈연행일기〉를 썼다. 산수 · 인물 등 서화에도 뛰어났다. 저서로 〈노가재집〉이 있다.

---

* **북망산**(北邙山) 죽어서 가는 무덤 자리.
* **술** 술대. 거문고를 타는 제구.
* **시문**(柴門) 사립문.
* **견폐성**(犬吠聲) 개 짖는 소리.
* **오도괴야** 오는구나.
* **외자 탁주** 외상 막걸리.

하우씨* 제하할 제* 부주하던* 저 황룡*아
창해*를 어디 두고 반벽*에 와 걸렸나냐
지개*야 작하랴마는* 언정* 보듯 하도다

‖ 지은이 ‖

숙종(1661~1720)

조선 제19대 왕. 1667년 왕세자로 책봉되었으며, 1674년 14세의 나이로 왕의 자리에 올랐다. 정치에 관심이 컸으나 당시 예론에 치우쳐 논쟁이 분분하고 당쟁이 심하여 서인과 남인의 파쟁이 그칠 날이 없었다. 재위 기간은 왕가의 사생활과 관련된 당쟁이 가장 치열했던 시기였으나, 대외적인 전쟁이 없어 임진왜란·병자호란 후 나라가 차차 안정기에 접어든 때이어서 대동법을 전국적으로 실시함으로써 토지 개혁을 단행하였고, 백두산에 정계비를 세워 국경선을 확정시켰다.

＊하우씨(夏禹氏) 중국 하나라의 우임금.
＊제하(濟河)할 제 강을 건널 때.
＊부주(負舟)하던 배를 등에 지던.
＊황룡(黃龍) 누런색의 용.
＊창해(滄海) 푸르고 넓은 바다.
＊반벽(半壁) 반쪽 절벽.
＊지개(志槪) 의지와 기개.
＊작하랴마는 오죽하랴마는.
＊언정 도마뱀.

적성*의 단하기*하니 천태는 어디메오
향로에 자연기*하니 여산이 여기로다
이 중에 무한 선경*이 내 분인가 하노라

청산은 무슨 일로 무지한* 날 같으며*
녹수는 어찌하여 무심한* 날 같으뇨
무심코 무지타* 웃지 마라 요산요수하리라*

‖ 지은이 ‖

안서우(1664~1735)

실학파의 거장 안정복의 할아버지이다. 호는 우락옹. 1694년 별시에 급
제하였으나 세론이 불리하여 울산 부사에 그쳤다. 후에 첨지 중추 부사에
임명되었으나 나아가지 않았다.

---

* 적성 중국 저장성 천태연의 북쪽에 있는 산.
* 단하기 붉은 빛 운기가 일어남.
* 자연기 푸른 연기가 일어남.
* 무한 선경(無限仙境) 끝없는 선경.
* 무지한 아는 것이 없어 어리석은.
* 날 같으며 나와 같으며.
* 무심한 아무런 뜻이 없는.
* 무심코 무지타 무심하고 무지하다 해서.
* 요산요수(樂山樂水)하리라 산과 물을 좋아하리라.

옥에 흙이 묻어 길가에 버렸으니
오는 이 가는 이* 흙이라 하는고야
두어라 흙이라 한들 흙일 줄이* 있으랴

‖ 지은이 ‖
윤두서(1668~?)
조선 시대의 문인 · 화가. 호는 공재. 1693년 진사시에 급제하였다. 시
문에 능했고 동식물 · 인물 등을 잘 그렸다. 현재 · 겸재와 함께 '조선의 3
재'로 불린다. 작품으로 〈노승도〉, 〈산수도〉, 〈어초문답도〉, 〈마상처사도〉
등이 전한다.

* 오는 이 가는 이 오고가는 사람.
* 흙일 줄이 흙일 까닭이.

내 집이 백학산중* 날 찾을 이 뉘 있으리
입아실자ㅣ 청풍*이요 대아음자ㅣ 명월*이라
정반에 학 배회하니* 긔 벗인가 하노라

‖ 지은이 ‖

윤순(1680~1741)

조선 시대의 서예가 · 문신. 호는 백하 또는 학음. 1713년 증광시에 급제, 부수찬을 거쳐 이조참판으로 대제학을 겸했으며, 이인좌의 난에 감호제군사가 되고 이조판서 · 평양감사에 이르렀다. 서예가로도 유명하였다.

---

* 백학산중 지은이의 호를 딴 '백하 산 속' 의 잘못으로 봄.
* 입아실자(入我室者)ㅣ 청풍(淸風) 내 방에 들어오는 것은 청풍.
* 대아음자(對我飮者)ㅣ 명월(明月) 나와 함께 술을 마시는 것은 명월.
* 정반에 학 배회하니 뜰 가에 학이 왔다갔다 하니.

마천령* 올라 앉아 동해를 굽어보니
물 밖에 구름이요 구름 밖에 하늘이라
아마도 평생 장관*은 이것인가 하노라

‖ 지은이 ‖

송계연월옹(?~?)

조선 시대의 가인. 시조집 〈고금가곡〉의 저자로 본명 미상이다. 이 책의
권말에 '한때는 벼슬도 했으나 본뜻이 아니었고, 말년에는 관직에서 물러
나 강호에서 새와 꽃을 벗하며 소일했다.'고 기록되어 있다. 또한 '갑신춘
송계연월옹'이란 편찬기와 아울러 숙종 때 가인인 김유기 작품이 실려 있
는 것으로 보아 1704년 이후의 인물로 추측된다.

---

* **마천령(摩天嶺)** 함경 남도 단천과 함경 북도 성진 사이의 경계에 있는 높은 재.
* **평생 장관(平生壯觀)** 한평생을 두고 볼 만한 경치.

벼슬이 귀타 한들* 이 내 몸에 비길소냐
건로*를 바삐 몰아 고산*으로 돌아오니
어디서 급한 비 한 줄기에 출진 행장* 씻었고*

‖ 지은이 ‖

신정하(1681~1716)

　호는 서암. 1705년에 증광시에 급제하여 검열을 거쳐 헌답이 되었을 때
가례원류의 문제로 무고를 받아 파직되었다. 저서로 〈서암집〉이
있다.

＊**귀타 한들**　귀하다 한들.
＊**건로**　다리를 저는 당나귀.
＊**고산**(故山)　고향 산촌.
＊**출진 행장**(出塵行裝)　속세를 벗어나는 여행의 차림.
＊**씻었고**　씻었다.

남이 해할지라도 나는 아니 겨로리라*
참으면 덕이요 겨르면 같으리니
구부미* 제게 있거니 갈올* 줄이 있으랴

매아미* 맵다 울고 쓰르라미 쓰다 우네
산채*를 맵다는가 박주*를 쓰다는가
우리는 초야*에 묻혔으니 맵고 쓴 줄 몰라라

‖ 지은이 ‖

이정신(?~?)

　조선 시대의 가인. 호는 백회재. 영조 때 현감을 지냈다. 사설 시조 2수
를 포함한 13수의 시조가 〈청구영언〉, 〈가곡원류〉에 전한다.

＊ 겨로리라　겨루겠다.
＊ 구부미　굽은 것이
＊ 갈올　상대할.
＊ 매아미　매미.
＊ 산채(山菜)　산나물.
＊ 박주(薄酒)　변변하지 못한 술.
＊ 초야(草野)　궁벽한 시골 땅.

공명*을 즐겨 마라 영욕*이 반이로다
부귀를 탐치 마라 위기를 밟나니라*
우리는 일신이* 한가커니* 두려운 일 없애라

‖ 지은이 ‖

김삼현(?~?)

조선 시대의 가객. 벼슬이 절충장군으로 품계가 3품에 이르렀으나, 관직에서 물러나 강호에 은거하여 자연을 벗삼아 시를 지으며 소일했다. 시조 6수가 전한다.

---

* **공명(功名)** 공을 세우고 이름을 떨침.
* **영욕(榮辱)** 영광과 치욕.
* **밟나니라** 만나느니라.
* **일신(一身)이** 한 몸이.
* **한가커니** 한가하니.

강호에 버린 몸이 백구와 벗이 되야
어정*을 흘리 놓고 옥소*를 높이 부니
아마도 세상 흥미는 이뿐인가 하노라

굴레 벗은 천리마를 뉘라서 잡아다가
조죽* 삶은 콩을 살지게 먹여둔들
본성이 왜양하거니* 이실* 줄이 이시랴*

‖ 지은이 ‖

김성기(?~?)

조선 시대의 가인. 호는 조은. 평민 출신으로 젊어서는 활을 만드는 조
궁장이었으나, 활을 버리고 거문고를 배웠으며, 퉁소·비파에도 뛰어나
많은 제자를 길러 냈다. 시조에 능하여 당시의 가인 김천택과 교유하며,
주로 자연을 읊었다. 강호가 5수를 〈해동가요〉에 남겼다.

---

* 어정(漁艇) 작은 고깃배.
* 옥소(玉簫) 옥통소.
* 조죽 겨와 콩으로 쑨 죽.
* 왜양하거니 억세고 거치니.
* 이실 있을.
* 이시랴 있겠는가.

백구ㅣ야 말 물어보자 놀라지 말아스라*
명구 승지*를 어디어디 벌였더냐*
날더러 자세히 일러든* 너와 게* 가 놀리라

남산 내린 골*에 오곡*을 가초* 심어
먹고 못 남아도 긋지나* 아니하면
그 밖의 여남은* 부귀야 바랄 줄이 있으랴

---

* 말아스라 말아라.
* 명구 승지(名區勝地) 경치가 좋기로 소문난 곳.
* 벌였더냐 널려 있더냐?
* 일러든 말해 준다면.
* 게 거기에.
* 내린 골 비탈진 골짜기.
* 오곡(五穀) 다섯 가지 주요 곡식, 즉 쌀·보리·조·콩·기장.
* 가초 갖추어.
* 긋지나 끊어지지나.
* 여남은 다른.

장검을 빼어들고 다시 앉아 헤아리니*
흉중에 먹은 뜻이 한단보* ㅣ 되었괴야*
두어라 이 또한 명이여니* 일러 무삼하리요

녹이 상제* 역상* 에서 늙고 용천설악* 갑리*에 운다
장부의 혜온* 뜻을 속절없이 못 이루고
귀 밑에 흰 털이 날리니 그를 설워 하노라

---

* 헤아리니 생각해 보니.
* 한단보 장자의 '추수'에 나오는 말로, 연나라의 청년이 한단 사람의 걸음걸이를 배우려다
  가 원래의 걸음걸이도 잊고 기어서 돌아왔다는 고사. 자기의 본분을 잊고 함부로 남의 흉내
  를 내다가 두 가지 모두 잃음의 비유.
* 되었괴야 되었구나.
* 명이여니 운명이니.
* 녹이 상제(綠耳霜蹄) 녹이는 주나라 목왕의 준마의 이름이며, 상제도 좋은 말의 이름임.
* 역상(驛上) 마판 위. 마구간 위.
* 용천설악 용천은 보검의 이름이며, 설악은 날카로운 칼날.
* 갑리 칼집.
* 혜온 마음먹은.

옷 벗어 아희 주어 술집에 볼모*하고
청천*을 우러러 달다려* 물은 말이
어즈버 천고* 이백*이 날과* 엇더하더뇨

잘 가노라 닫지 말며* 못 가노라 쉬지 말라
부디 끊지 말고 촌음*을 아껴스라*
가다가 중지곧 하면* 아니 감만* 못하니라

---

* 볼모 약속을 이행하겠다는 담보로 맡기는 사람이나 물건.
* 청천(靑天) 푸른 하늘.
* 달다려 달에게.
* 천고(千古) 옛날.
* 이백(李白) 이 태백. 당나라 때의 시인.
* 날과 나와 비교해서.
* 닫지 말며 달리지 말며.
* 촌음(寸陰) 매우 짧은 시간.
* 아껴스라 아껴라!
* 중지곧 하면 '곧' 은 강조를 나타내는 조사. 중지하면.
* 아니 감만 아니 가는 것만.

강산 좋은 경을* 힘센 이 다툴 양이면
내 힘과 내 분으로 어이하여 얻을소냐
진실로 금할 이* 없을 새 나도 두고* 노니노라*

서검*을 못 일우고 쓸데없는 몸이 되야
오십춘광*을 한 일 없이 지내연져
두어라 어느 곳 청산이야 날 꺼릴 줄이 이시랴

---

* **좋은 경을** 아름다운 경치를.
* **금할 이** 자연을 사랑하는 마음을 막을 사람.
* **두고** 마음놓고.
* **노니노라** 즐기는구나.
* **서검(書劍)** 문무(文武).
* **오십춘광(五十春光)** 오십 년 세월. 즉, 한평생.

이 잔 잡으시고 이 내 말 곳쳐* 들어
일전주* 긋쳐* 갈 때 이을 일만 분별하세
이 밖에 시비우락*을 나는 몰라 하노라

전원에 남은 흥을 전나귀*에 모두 싣고
계산* 익은* 길로 흥치며* 돌아와서
아이야 금서를 다스려라 남은 해를 보내리라

‖ 지은이 ‖

김천택(?~?)

　조선 시대의 시인·가객. 호는 남파. 평민 출신으로 포교를 지냈다. 시조에 뛰어난 재능을 보여 〈청구영언〉에 30수, 〈해동가요〉에 57수 등 약 80수를 남겼다. 김수장 등과 함께 경정산가단에서 후진을 양성하였다. 1728년 국문학사상 귀중한 자료가 되고 있는 시가집 〈청구영언〉을 편찬하는 등 시조의 정리와 발전에 큰 공적을 남겼다.

＊**곳쳐** 다시.
＊**일전주** 한 통 술.
＊**긋쳐** 그치어.
＊**시비우락**(是非憂樂) 근심과 즐거움의 시비.
＊**전나귀** 다리를 저는 나귀.
＊**계산**(溪山) 계곡을 낀 산.
＊**익은** 익숙한.
＊**흥치며** 흥겨워하며.

요순*은 어떠하여 덕택이 높으시며
걸주*는 어떠하여 포학이 심톳턴고*
이렇고 저러한 줄을 듣고 알게 하노라

화개동* 북록하*에 초암*을 얽었으니
바람비 눈서리는 그렁저렁 지내어도
어느제* 다스한 햇빛이야 쬐어 볼 줄 있으랴

---

* 요순(堯舜) 중국의 요 임금과 순 임금.
* 걸주(桀紂) 하나라의 걸왕과 은나라의 주왕.
* 심톳턴고 심하던가?
* 화개동 서울 화동의 옛 이름.
* 북록하 북쪽 산기슭에.
* 초암(草庵) 초옥으로 된 암자.
* 어느제 언제.

검으면 희다 하고 희면 검다 하네
검거나 희거나 옳다 할 일이 전혀 없네
찰하로* 귀 막고 눈 감아 듣도 보도 말리라

한식 비 갠 후에 국화 움*이 반가왜라*
꽃도 보려니와 일일신*이 더 좋애라*
풍상 섞어칠 제* 군자절*을 피운다

‖ 지은이 ‖

김수장(1690~?)

조선 시대의 문인 · 가객. 호는 노가재. 숙종 때 병조의 서리를 지냈다.
김천택 등과 함께 경정산가단을 만들어 시조를 보급하는 데 커다란 공을
세웠다. 1763년 시조집 〈해동가요〉를 편찬하였다. 1770년 개수를 끝냈는
데, 이 〈해동가요〉 속에는 자작 시조 117수를 수록하였다. 만년에는 제자
들에게 작가법, 악기의 연주법 등을 가르쳤다.

＊찰하로 차라리.
＊움 새싹.
＊반가왜라 반갑구나.
＊일일신(日日新) 나날이 새로워짐.
＊좋애라 좋구나.
＊풍상(風霜) 섞어칠 제 서리와 바람이 섞어칠 때.
＊군자절(君子節) 군자의 절개(국화꽃).

국화야 너난 어이 삼월 동풍* 다 지내고
낙목한천*에 네 홀로 피었는다*
아마도 오상고절*은 너뿐인가 하노라

광풍*에 떨린 이화 오며가며 날리다가
가지에 못 오르고 거미줄에 걸리거다*
저 거미 낙환 줄 모르고 나비 잡듯 하련다

묻노라 부나비*야 네 뜻을 내 몰라라
한 나비 죽은 후에 또 한 나비 따라오니
아무리 푸새엣* 즘생인들 너 죽을 줄 모르는다*

---

* **삼월 동풍**(三月東風) 만물을 생동케 하는 봄바람.
* **낙목한천**(落木寒天) 나뭇잎이 다 떨어진 겨울의 춥고 쓸쓸한 풍경.
* **홀로 피었는다** 너 혼자 피었느냐?
* **오상고절**(傲霜孤節) 서릿발이 심한 속에서도 굴하지 않고 외로이 지키는 절개라는 뜻으로,
  국화를 비유하여 이르는 말.
* **광풍**(狂風) 미친듯 사납게 부는 바람.
* **걸리거다** 걸리었다.
* **부나비** 불나비.
* **푸새엣** 하잘것 없는.
* **모르는다** 모르는가?

꽃 피면 달 생각하고 달 밝으면 술 생각하고
꽃 피자 달 밝자 술 얻으면 벗 생각하네
언제면 꽃 아래 벗 다리고 완월장취*하려노

올여논* 물 실어 놓고 면화밭 매오리라
울 밑에 외를 따고 보리 능거* 점심하소
뒷집의 빚은 술 익거든 차자*나마 가져오세

* **완월장취**(玩月長醉) 달을 벗삼아 오래도록 술에 취함.
* **올여논** 올벼를 심은 논.
* **보리 능거** 거친 보리를 찧어서 겉껍질을 벗김.
* **차자** 약주를 떠내고 막걸리를 걸러 낸 다음, 물을 부어 걸러 내는 술.

광풍*에 떨린 이화 옴여감여* 날리다가
가지에 못 오르고 거미줄에 걸리거다*
저 거미 낙화인 줄 모르고 나비잡듯 할연다*

‖ 지은이 ‖

이정보(1693~1766)

조선 시대의 문신·학자. 호는 삼주. 1732년 정시 문과에 급제한 후 예
문관 검열이 되고 1737년 홍문관 부수찬이 되었다. 여러 벼슬을 거쳐 예조
판서를 지냈다. 글씨에도 능하고 한시를 잘 지었다.

---

* 광풍(狂風) 미친듯 사납게 부는 바람.
* 옴여감여 오락가락.
* 걸리거다 걸리었다.
* 할연다 하려느냐.

설악산 가는 길에 개골산* 중을 만나
중더러 물은 말이 풍악이 어떻더니
이 사이* 연하여 서리치니 때 맞았다* 하더라

‖ 지은이 ‖

조명리(1697~1756)

조선 시대의 문신. 호는 노강. 1731년 정시 문과에 급제, 1734년 정언을
거쳐 한성부 판윤이 되었다. 1755년 찬집당상으로서 〈천의소감〉을 편찬하
였으며, 저서로 〈도천집〉이 있다. 문명이 있었고 글씨를 잘 썼다.

---

* 개골산(皆骨山) 겨울철의 금강산.
* 이 사이 이즈음.
* 때 맞았다 때가 알맞다고.

어제도 난취하고* 오늘도 또 술이로다
그제 깨었던지 그끄제는 나 몰래라*
내일은 서호*에 벗 오마니* 깰동말동* 하여라

‖ 지은이 ‖

유천군(?~?)
조선 선조의 증손으로 서예와 그림에 뛰어났다.

* 난취(爛醉)하다 만취하다.
* 몰래라 모르겠다.
* 서호(西湖) 시후. 중국 저장성에 있는 전당호를 일컫는 말로, 그 경치가 빼어나기로 유명하다.
* 오마니 온다고 했으니.
* 깰동말동 깰지 말지.

오늘은 천렵*하고 내일은 산행*가세
꽃달임* 모레 하고 강신으란* 글피 하리
그글피 변사회*할 제 각지 호과* 하시소

태산*에 올라앉아 사해*를 굽어보니
천지 사방이 훤츨*도 한저이고
장부의 호연지기*를 오늘이야 알괘라

‖ 지은이 ‖
김유기(?~?)
　　조선 시대의 가객. 창곡가로서 이름이 높았으며 특히 시조를 잘하였다.
김천택과 교분이 두터웠으며, 김수장이 엮은 시조집 〈해동가요〉에 시조 8
수가 전한다.

＊ **천렵**(川獵)　낚시.
＊ **산행**　사냥.
＊ **꽃달임**　화전.
＊ **강신으란**　강신제는.
＊ **변사회**　활쏘기 모임.
＊ **각지 호과**　각자가 술과 과실을 가져 옴.
＊ **태산**(泰山)　높고 큰 산.
＊ **사해**(四海)　천하. 온 세상.
＊ **훤츨**　넓고 시원함.
＊ **호연지기**(浩然之氣)　하늘과 땅 사이에 가득찬 넓고 큰 정기.

주려* 죽으려 하고 수양산에 들었거니
설마 고사리를 먹으려 캐었으랴
물성*이 굽은 줄 미워* 펴 보려고 캠이라*

‖ 지은이 ‖

주의식(?~?)

조선 시대의 가인. 호는 남곡. 숙종 때에 무과에 급제한 뒤 철원 현감을
지냈다. 정계의 혼란을 피해 풍류를 즐기며 살았다. 명가로 이름났으며 몸
가짐이 공손하고 군자의 풍도가 있었다. 인생의 허무함을 강조한 시를 많
이 지었다.

---

* **주려** 굶어.
* **물성(物性)** 물질이 가진 성질.
* **굽은 줄 미워** 굽은 것이 미워.
* **캠이라** 캐었던 것이다.

뉘라서* 가마귀를 검고 흉타 하닷던고*
반포보은*이 긔 아니 아름다운가
사람이 저 새만 못함을 못내 슬허하노라

어와* 내 일이여 나도 내 일을 모르놋다*
우리 님 가오실 제 가지 못하게 못할런가
보내고 길고 긴 세월에 살던 생각 어이료*

---

* 뉘라서 누가.
* 하닷던고 하였던가?
* 반포보은(反哺報恩) 까마귀 새끼가 자라서 늙은 어미에게 먹이를 물어다 준다는 뜻으로, 자식이 늙은 부모의 은혜를 갚음을 이름.
* 어와 아아. 감탄사.
* 모르놋다 모르누나!
* 어이료 어이하리.

공산에 우는 접동* 너는 어이 우짖는다*
너도 날과 같이 무음* 이별하였느냐
아무리 피나게 운들 대답이나 하더냐

님 그린 상사몽이 실솔*의 넋이 되어
추야장* 깊은 밤에 님의 방에 들었다가
날* 잊고 깊이 든 잠을 깨워 볼까 하노라

‖ 지은이 ‖

박효관(?~?)

조선 시대의 풍류 가객. 호는 운애. 1876년 제자 안민영과 함께 그 때까지의 가곡을 총정리한 〈가곡원류〉를 편찬하였으며, 가론을 확립하여 가인들의 귀감이 되었다. 흥선대원군의 총애를 받아 ‘운애’라는 호를 받았다.

＊ 접동 두견새.
＊ 우짖는다 우느냐?
＊ 무음 무슨.
＊ 실솔 귀뚜라미.
＊ 추야장(秋夜長) 긴 가을 밤.
＊ 날 나를.

눈으로 기약터니 네 과연 피었구나
황혼에 달이 오니 그림자도 성기거다*
청향*이 잔에 떠 있으니 취코* 놀려 하노라

어리고 성긴 가지 너를 믿지 않았더니
눈 기약 능히 지켜 두세 송이 피었구나
촉* 잡고 가까이 사랑할 제 암향*조차 부동터라*

＊성기거다 촘촘히 배지 않도다.
＊청향(淸香) 맑은 향기.
＊취코 술에 취해서.
＊촉(燭) 촛불.
＊암향(暗香) 매화의 그윽한 향기.
＊부동터라 풍기더라.

빙자옥질*이여 눈 속에 네로구나
가만히 향기 놓아 황혼월*을 기약하니
아마도 아치고절*은 너뿐인가 하노라

장공* 구만 리에 구름을 쓸어 열고
두렷이 굴러 올라 중앙에 밝았으니
알괘라* 성세 상원*은 이 밤인가 하노라

* 빙자옥질(氷姿玉質) 얼음같이 맑고 깨끗한 살결과 구슬같이 아름다운 자질.
* 황혼월(黃昏月) 저녁 달.
* 아치고절(雅致高節) 아담한 풍치와 높은 절개.
* 장공(長空) 끝없이 먼 하늘.
* 알괘라 알겠다.
* 성세 상원(盛世上元) 태평성대의 정월 보름.

지난 해 오늘 밤에 저 달을 보았더니
이 해 오늘 밤에 그 달빛이 또 밝았다
이제 이 세환월장재*를 알았은저 하노라

해 지고 돋는 달이 너와 기약 두었던가
합리*에 자던 곳이 향기 놓아 맡는고야
내 엇디* 매월*이 벗되는 줄 몰랐던가 하노라

‖ 지은이 ‖

안민영(1816~?)

조선 시대의 가인. 호는 주옹. 1876년 스승 박효관과 함께 조선 역대 시가집 〈가곡원류〉를 편찬하였다. 여기에는 그의 시조 〈영매가〉 외에 26수가 실려 있다. 그 밖에 〈금옥총서〉, 〈주옥만필〉 등의 저서가 있다.

---

* 세환월장재(歲換月長在) 세월은 바뀌어도 달은 길이 남음.
* 합리 침실 속.
* 엇디 어찌.
* 매월 매화와 달.

나비야 청산에 가자 범나비 너도 가자
가다가 저무러든* 꽃에 들어 자고 가자
꽃에서 푸대접하거든 잎에서나 자고 가자

사랑이 어떻더니 두렷더냐* 넓었더냐
기더냐 자르더냐 발을러냐* 자일러냐*
지멸이* 긴 줄은 모르되 애 끊을 만*하더라.

설월이 만창*한데 바람아 부지 마라
예리성* 아닌 줄을 판연히 알건마는
그립고 아쉬운 적이면 행여 그인가 하노라

‖ 지은이 ‖
작자 미상

---

* **저무러든** 저물거든.
* **두렷더냐** 둥글더냐?
* **발을러냐** 발(길이를 재는 단위)로 밟겠더냐?
* **자일러냐** 자로 재겠더냐?
* **지멸이** 매우 지루하게.
* **애 끊을 만** 애가 끊일만.
* **만창(滿窓)** 가득히 창에 비침.
* **예리성(曳履聲)** 신 끄는 소리.

말하기 좋다 하고 남의 말을 마를 것이
남의 말 내 하면 남도 내 말 하는 것이
말로써 말이 많으니 말 말음이* 좋에라*

어져 세상 사람 올흔* 일도 못 다하고
구태여 그른 일로* 업슨 허물 싯는괴야*
우리는 이런 줄 알아서 올흔 일만 하리라

까마귀 검으나 따나* 해오리* 희나 따나
황새 다리 기나 따나 오리 다리 자르나 따나
평생에 흑백 장단*은 나는 몰라 하노라

‖ 지은이 ‖
작자 미상

＊말 말음이 말하지 않음이.
＊좋에라 좋도다.
＊올흔 옳은.
＊그른 일로 옳지 않은 일로.
＊싯는괴야 씻는구나.
＊검으나 따나 검든지 말든지.
＊해오리 해오라기. 백로.
＊흑백 장단(黑白長短) 온갖 시비.

산중에 책력* 없어 절* 가는 줄 모르노라
꽃 피면 봄이요 잎 지면 가을이라
아해들* 헌 옷 찾으면 겨울인가 하노라

벽오동 심은 뜻은 봉황*을 보렸더니
내 심은 탓인지 기다려도 아니 오고
밤중만 일편명월만 빈 가지에 걸렸세라*

달다려* 물오려고* 잔 잡고 창을 여니
두렸고* 맑은 빛은 예*론 듯하다마는
이제는 태백이 간 후이니 알 이 없어 하노라

‖ 지은이 ‖

작자 미상

---

* **책력(冊曆)** 달력.
* **절(節)** 절기. 계절.
* **아해들** 아이들.
* **봉황(鳳凰)** 오동나무에서만 산다는 전설적인 새.
* **걸렸세라** 걸렸구나.
* **달다려** 달에게.
* **물오려고** 물으려고.
* **두렸고** 뚜렷하고.
* **예** 옛날.

봄이 가려 하니 내라 혼자 말린손가*
다 못 핀 도리화*를 어찌하고 가려는다*
아희야 덜 괸 술 걸러라 가는 봄 전송하리라

대붕*을 손으로 잡아 번갯불에 구워 먹고
곤륜산* 옆에 끼고 북해를 건너 뛰니
태산이 발끝에 차이어 왜각데걱*하더라

목 붉은 산상치*와 홰에 앉은 송골이*와
집 앞 논 무살미*에 고기 엿는 백로ㅣ로다
초당에 너희곧 아니면 날 보내기 어려왜라*

‖ 지은이 ‖
작자 미상

* 말린손가 말릴 것인가?
* 도리화(桃梨花) 복숭아꽃과 오얏꽃.
* 가려는다 가려 하는가?
* 대붕(大鵬) 상상 속의 큰 새.
* 곤륜산(崑崙山) 중국의 전설에 등장하는 산으로, 불사의 물이 흐르는 신선경이라 전해짐.
* 왜각데걱 단단한 물건이 서로 부딪혀 나는 소리.
* 산상치(山上雉) 산 위의 꿩.
* 송골이 송골매.
* 무살미 물을 대고 써래질한 논.
* 어려왜라 어렵구나.

비는 온다마는 님은 어이 못 오는고
믈*은 간다마는 나는 어이 못 가는고
오거나 가거나 하면 이대도록* 설우랴

말 타고 꽃밭에 드니 말굽에서 향내 난다
주천당* 돌아드니 아니 먹은 술내 난다
어떻다 눈정*에 걸은* 님은 헛말* 먼저 나느니

‖ 지은이 ‖
작자 미상

―――――――――――――――――――――――――――――――

＊믈 물.
＊이대도록 이다지.
＊주천당 술집 이름.
＊눈정 눈으로 느낀 정.
＊걸은 건.
＊헛말 헛소문.

건너서는 손을 치고 집에서는 들라 하네*
문 닫고 드자 하랴* 손 치는 데를 가자 하랴
이 몸이 두 몸 되어 여기저기 하리라

어리거든* 채* 어리거나 미치거든 채 미치거나
어린 듯 미친 듯 아는 듯 모르는 듯
이런가 저런가 하니 아무런 줄* 몰래라*

‖ 지은이 ‖
작자 미상

장 진 주 사

한 잔 먹새그려 또 한 잔 먹새그려
곳 것거* 산 노코* 무진무진 먹새그려
이 몸 죽은 후면 지게 우해 거적 덥허 주리혀 매여 가나,
유소* 보장*의 만인이 우러녜나,
어욱새 속새 덥가나무 백양 속애 가기 곳 가면
누른 해 흰 달 가는 비 굴근 눈 쇼쇼리 바람 불 제 늬 한 잔 먹쟈 할고
하믈며 무덤 우해 잰나비* 파람* 불 제 뉘우친달 엇디리.

‖ 지은이 ‖

정철(1536~1593)

조선 시대의 문신. 호는 송강. 시조와 가사 문학의 대가. 서인의 대표적 인물로, 동인과의 대립으로 여러 차례 관직에서 물러나기도 하였다. 벼슬은 여러 관직을 거쳐 좌의정까지 올랐다. 가사문학의 대가로서 시간과 공간을 하나로 압축한 필치로 우리말을 자유롭고 호방하게 구사하여 윤선도와 함께 우리 나라 시가 사상 쌍벽으로 일컬어진다. 저서로는 〈송강집〉, 〈송강가사〉 등이 있다.

---

* 곳 것거 꽃나무 가지 꺾어.
* 산 노코 꽃잎으로 셈하고.
* 유소(流蘇) 꾸밈으로 다는 오색 실.
* 보상 화려한 포장.
* 잰나비 원숭이.
* 파람 휘파람, 즉 원숭이의 울음소리.

고대광실* 나는 마다* 금의옥식* 더욱 마다
은금보화, 노비전택* 육단장옷*, 대단치마*, 밀라주 곁칼*,
자지* 향직* 저고리, 딴머리* 석웅황*으로 다* 꿈자리같고
진실로 나의 평생 원하기는 말 잘하고 글 잘하고 인물 개자하고*,
품 자리* 잘하는 젊은 서방이노라

‖ 지은이 ‖
작자 미상

---

* 고대광실(高臺廣室) 규모가 크고 좋은 집.
* 마다 싫다고 거절함.
* 금의옥식(錦衣玉食) 비단옷과 좋은 음식.
* 노비전택(奴婢田宅) 노비와 논밭과 가옥.
* 육단장옷 부녀자들이 나들이 때 머리에서부터 내리쓰던 두루마기 모양의 비단옷.
* 대단치마 대단은 중국산 비단으로, 비단치마를 가리킴.
* 곁칼 호박으로 장식된, 허리에 차는 작은 칼.
* 자지(紫地) 자줏빛.
* 향직 명주의 일종.
* 딴머리 여자의 본머리에 덧대어 얹는 머리.
* 석웅황(石雄黃) 천연으로 나는 비소의 화합물.
* 다 모두 다.
* 개자하고 화락하고 단아하다.
* 품자리 잠자리.

갈 제는 오마터니* 가고 아니 오매라*

십이난간 바잔이며* 님 계신 데 바라보니

남천에 안진*하고 서상*에 월락토록 소식이 끊어졌다.

이 뒤란 님이 오셔든* 잡고 앉아 새오리라

‖ 지은이 ‖

김두성(? ~ ?)

조선 시대의 가인. 김천택, 김수장 등과 교유하며 일생을 보냈다. 시조
19수가 전한다.

---

* 오마터니 온다 하더니.
* 오매라 오는구나.
* 바잔이며 부질없이 왔다갔다 하다.
* 안진 기러기가 다 날아가서 보이지 않음.
* 서상 서쪽 마루.
* 오셔든 오시거든.

눈 풀풀 접심홍*이요 술 충충* 의부백*을
거문고 당당 노래하니 두루미 둥둥 춤을 춘다
아희야 시문*에 개 짖으니 벗 오시나 보아라

‖지은이‖

김영(? ~ ?)

현종 때 사람. 호는 춘방. 산수화를 잘 그렸으며, '매화서실도권', '우후
산수도'가 국립 박물관에 소장되어 있다.

＊ **접심홍**(蝶尋紅) 나비가 꽃을 찾음.
＊ **충충** 밝지 못함.
＊ **의부백** 개미가 뜬 듯한 술.
＊ **시문**(柴門) 사립문.

웃는 양은 잇바디도* 좋고 할기는* 양은 눈씨도 더욱 곱다
앉거라 서거라 걷거라 닫거라 온갖 교태를 다 하여라
허허허 내 사랑되리로다
네 부모 너 생겨 내올 제 날만 괴게* 하도다

나무도 바윗돌도 없는 뫼에 매게* 쫓긴 까토리* 안*과,
대천* 바다 한가운데 일천 석 실은 배에, 노도 잃고 닻도 잃고 용총*
도 끊고 돛대도 꺾고 키도 빠지고 바람 불어 물결치고 안개 뒤 섞여
잦아진* 날에, 갈길은 천 리 만 리 남고 사면이 거머어득 저문 천지
적막* 가치노을 떴는데, 수적* 만난 도사공의 안과,
엊그제 님 여흰 내 안이야 얻다가 가흘하리요*

‖ 지은이 ‖
작자 미상

---

* 잇바디도 이빨도.
* 할기는 흘기는.
* 괴게 사랑하게.
* 매게 매에게.
* 까토리 암꿩의.
* 안 마음.
* 대천(大川) 충청 남도에 있는 지역명.
* 용총 용총줄. 돛을 올리고 내리기 위하여 돛대에 매어 놓은 줄. 마룻줄.
* 잦아진 자욱한.
* 천지적막(天地寂寞) 온 세상이 쓸쓸하고 고요함.
* 가치노을 사나운 파도.
* 수적(水賊) 바다의 도둑.

님이 오마 하거늘 저녁밥을 일* 지어 먹고 중문 나서 대문 나가 지방 우에* 치달아 앉아 이수로 가액*하고 오는가 가는가 건넛산 바라보니 거머횟들* 서 있거늘 저야* 님이로다

버선 벗어 품에 품고 신 벗어 손에 쥐고 곰배님배* 님배곰배 천방지방* 지방천방 건 데 마른 데 가리지 말고 워렁충창* 건너가서 정엣말* 하려 하고 곁눈을 흘깃 보니 상년* 칠월 사흗날 갉아 벗긴 주추리* 삼대 살들이도 날 속여라

모쳐라* 밤일새만정* 행여 낮이런들 남 우일* 번하괘라

‖ 지은이 ‖
작자 미상

---

* 일 일찍.
* 지방 우에 문지방 위에.
* 가액(迦額) 손으로 이마를 가림.
* 거머횟들 검은빛과 흰빛이 뒤섞인 모양.
* 저야 저것이야말로.
* 곰배님배 엎치락뒤치락.
* 천방지방(天方地方) 허둥지둥 날뛰는 모양.
* 워렁충창 급히 달리는 발소리.
* 정엣말 정다운 말.
* 상년(上年) 지난 해.
* 주추리 삼대의 줄기.
* 모쳐라 아서라.
* 밤일새만정 밤이기 망정이지.
* 우일 번하괘라 남 웃길 뻔.

귓도리* 저 귓도리 에엿쁘다* 저 귓도리

어인* 귓도리 지는 달 새는 밤에 긴 노래 짜른 소리 절절이* 슬픈

소리 제 혼자 울어 예어* 사창* 여윈 잠*을 살뜰히도 깨우는고야

두어라 제 비록 미물*이나 무인동방*에 내 뜻 알리는 저뿐인가

하노라

바둑이 검둥이 청삽사리* 중에 조 노랑 암캐같이 얄밉고 잣미우랴*

미운 님 오게 되면 꼬리를 회회 치며 반겨 내닫고 고운 님 오게 되

면 두 발을 벋디디고* 콧살을 찡그리며 무르락 나오락 캉캉 짖는 요

노랑 암캐

이튿날 문 밖에 개 사옵세 외는 장사 가거들랑 찬찬동여 내어

주리라

‖ 지은이 ‖

작자 미상

---

* 귓도리 귀뚜라미.
* 에엿쁘다 가련하다.
* 어인 어찌된.
* 절절이 마디마디.
* 울어 예어 계속 울어.
* 사창(紗窓) 비단으로 붙인 창.
* 여윈 잠 흡족하지 못한 잠.
* 미물(微物) 작고 보잘것 없는 생물.
* 무인동방(無人洞房) 임이 없는 외로운 여인의 방.
* 청삽사리 빛깔이 검고 긴 털이 곱슬곱슬한 개.
* 잣미우랴 정말 밉겠느냐?
* 벋디디고 버티고.

두꺼비 파리를 물고 두엄 위에 치달아* 앉아

건넛산 바라보니 백송골*이 떠 있거늘, 가슴이 끔찍하여 펄쩍

뛰어 내닫다가 두엄 아래 자빠지거고*

모쳐라 날랜 낼세망정* 어혈*질 번하괘라*

창 내고쟈 창을 내고쟈 이내 가슴에 창을 내고쟈

고모 장지* 세살장지* 들장지* 열장지* 암돌져귀* 수돌져귀* 배목걸새

크나큰 쟝도리로 둑닥 바가 이내 가슴에 창 내고쟈

잇다감* 하* 답답할 제면 여다져* 볼가 하노라.

‖ 지은이 ‖

작자 미상

---

* 치달아 달려 올라가.
* 백송골 흰 송골매.
* 자빠지거고 자빠졌구나.
* 날랜 낼세망정 나르고 하더라도.
* 어혈(瘀血) 부딪히거나 타박상으로 피멍이 든 증세.
* 번하괘라 뻔했구나.
* 장지 방에 간을 막아 끼운 미닫이.
* 세살장지 문살이 가는 장지.
* 들장지 들창문.
* 열장지 열창문.
* 암돌져귀 문설주에 박는 구멍 난 돌쩌귀.
* 수돌져귀 문짝에 박는 돌쩌귀.
* 잇다감 가끔.
* 하 몹시.
* 여다져 열고 닫아.

창 밧기 어룬어룬컬늘* 님만 넉여* 펄떡 뛰어 뚝 나셔 보니
님은 아니 오고 우수름* 달빛체 열구름*이 날 속여고나
맛초아* 밤일 썻만졍* 행혀 낫이런들 남 우일번*하여라.

‖ 지은이 ‖

작자 미상

---

* 어룬어룬컬늘 어른거리거늘.
* 님만 넉여 임으로만 생각하고.
* 우수름 어스름.
* 열구름 흘러가는 구름. '여다' 는 '녜다' 에서 온 말.
* 맛초아 마침.
* 밤일 썻 만졍 밤이었기 망정이지.
* 우일번 웃길 뻔.

하회 별신굿

적 성 촌

정약용

시냇가에 찌그러진 집 한 채
마치 흉물스런 게딱지 같구나
사나운 바람에 이엉까지 날려가
서까래만 앙상하게 남았네

삭아 버린 재에 눈이 쌓여
부엌은 썰렁하고
허물어진 벽 틈으로
별빛이 쏟아져 들어온다

방 안에 있는 것이라곤
허섭스레기뿐
모조리 내다 판다 해도
엿가락 한 조각 살 수 있을까

개구리보다 더 짧은 조이삭
그것도 다 모아야 한 손에 담을 정도
빨간 고추 서너 개
여기저기 흩어져 있을 뿐

깨지고 금이 간 항아리는
헝겊으로 얼기설기 붙여 놓았고
찌그러진 시렁대는
새끼줄로 겨우겨우 얽어 놓았네
유일하게 남은 밑천 녹수저는
엊그제 이정놈이 빼앗아 가고
남은 쇠냄비 하나
이웃에 사는 양반놈이 수탈해 갔네

누덕누덕 기워 놓은 무명이불
단 한 채 남았으니
부부유별이란 말은
먼 산의 바람 소리에 지나지 않네

막내둥이가 입고 있는 적삼을 살펴보니
너덜너덜한 천조각에 지나지 않으니
태어나서 지금까지 버선 할 켤레 제대로
신어 보지도 못했을 것이네

큰아들은 겨우 다섯 살에 지나지 않건만
기병으로 등록이 되어 있고
세 살 먹은 둘째 아들도 당당히
군적에 올라 있다네

두 아들의 군포세로
다섯 냥을 물고 나니
죽지 못해 사는 판
이런 판에 옷투정할 새 있느냐

아이와 강아지가 사이도 좋게
한 방 안에서 껴안고 잠을 자는데
밤이면 밤마다 호랑이는
울 밖에서 으르렁 거리네

지아비가 나무하러 산에 가고 나면
집에 남은 지어미는 마을 사람 몰래
품방아를 찧으려고 대낮에도 사립문을 닫아 놓누나
차마 눈뜨고 바라보기 어려워라

아침 점심은 으레 굶는 법
밤이 깊어서야 불을 피우네
여름에는 솜누더기
겨울에는 삼베옷을 겨우 걸칠 뿐

야산에 자라는 냉이나 캐어 먹을까
여기저기 찾아 나섰으나 땅이 얼어붙었으니
이웃집 술 거르는 날에
술찌기라도 얻어먹어야지

지난 해 봄에 꾸어 먹고
갚아야 할 환자*가 다섯 말
당장 먹을 것 없으니
갚을 길이 막막하네

---

* 환자(還子) 각 고을의 관고 · 저곡에서 백성에게 꾸어 주었던 곡식을 가을에 받아들이는 일.

무섭고도 두려우나
환자 갚으라고 독촉하는 나졸놈이 언제 들이닥칠까
관가에 끌려가 태형* 몇 대로
빚이나 갚을 수 있다면 차라리 좋을 것을

오호 통재라!* 이와 같이 마음 졸이며 사는 집들이
이 땅 이 나라에 수두룩하구나
구중궁궐*이 바다처럼 넓고 깊다 해도
백성들의 어려움은 헤아릴 줄 모르는구나

옛날 한나라에서는 어려움에 처한 백성들을 도우려고
직지사자*를 마을마다 내려 보내
백성들을 착취하는 관리놈들을
따끔하게 혼내 주었다는데

---

* **태형**(笞刑)　매로 볼기를 치던 형벌.
* **오호 통재라**　아아 슬프고 원통하다.
* **구중궁궐**(九重宮闕)　임금이 있는 대궐 안.
* **직지사자**　중국 한나라 때부터 있어 온, 암행 어사와 비슷한 벼슬

악정과 학정 같은 폐단을
그 뿌리부터 바로잡지 않는다면
공황*이 다시 살아 온다 하여도
이 나라 백성은 구원하기 어려워라

그냥 두어라
정협*이 유민도를 그린 것처럼
나도 이 시 한편을 지어
님에게 전해 드리는 수밖에

---

* **공황** 서한의 공수와 황패를 줄여서 일컫는 말.
* **정협** 지금의 중국 복건 사람. 자는 개부. 유랑민의 형상을 그린 그림을 신종에게 바쳐 재해
  에 시달리는 백성들의 수난을 드러내면서 신법을 탓하였다.

가난

정약용

가난 정도야 참을 수 있지
말들은 쉽게 하지만
정녕 가난이 눈앞에 다가오면
참을 수 있는 사람이 몇이나 될까

마누라 바가지에
기란 기는 다 꺾이고
아이들이 굶주리는 모습을 보고
마음이 흔들리지 않을 가장이 몇이나 될까

화초가 스스로 곱다 자랑하지만
어쩐지 처량해 보이고
시를 쓰고 책을 읽는 것이 군자의 도리라 하나
모두 다 하찮게 보이는구나

그러나 울밑의 밭에서는 소리 소문도 없이
보리가 절로 익어 가고 있구나
차라리 농부가 되어
농사를 짓는 것이 바른 삶이 아니겠는가
어린 아들이 밤을 부쳐 오다

도연명*의 아들을 어찌 내 아들에 비길 수 있느냐
기특도 하여라 아비에게 밤을 부쳐 왔구나

한 자루에 차곡차곡 잘도 골라 넣었구나
천 리 밖 구차하게 사는 나를 위로하려는 마음이겠지

---

* **도연명(陶淵明)** 중국 동진 · 송나라 때의 시인. 29세 때에 벼슬길에 올라 좨주가 되었으나
곧 사임하였다. 그 후 다시 벼슬길에 올랐으나 전원 생활에 대한 사모의 정을 달래지 못한
그는 누이의 죽음을 구실삼아 현령을 사임한 후 관계에 나가지 않았다. 그는 인생의 의미나
정치적 포부를 담은 이상주의적 자연시를 많이 남겼다. 〈귀거래사〉가 대표적인 작품이다.

알뜰히 얽어맨 그 정성이 애처롭고
살뜰히 싸 봉하던 그 손매도 눈에 선하구나

밤을 하나 먹어 보니 가슴이 찌르르 저려 와서
서글픈 마음으로 먼 하늘만 물끄러미 바라보고 있노라

탐진 어부의 노래

정약용

1
봄물결에 뱀장어잡이 고깃배
둥둥둥 떠나가네
높새바람* 싣고 출항하여
마파람*이 불거든 곧바로 돌아오소서

2
셋물 지자 넷물 드네
소소리 물결은 쏴철썩
복장이잡이만 좋아라고
노어박주 다 놓친다네

---

* 높새바람 뱃사람들이 북동풍을 이르는 말.
* 마파람 뱃사람들이 남풍을 이르는 말.

3
물 속에 등불이 비치니
아침 노을이 타는 듯
어구들은 가지런히
모래펄에 놓여 있네

제발 내 그림자
저 물 속에 비치지 말거라
신적호 큰 사어가
뛰어오르면 어쩌나

4
추자도 장사배
고뢰도에 닻을 풀었네
제주도 대갓 차양
가득 싣고 닻을 풀었네

돈이 많고 물건이 많아
장사 시세 좋을시고
사나운 파도 소리
마음 편할 날이 없구나

5
마을 아이들 왁자지껄
떼를 지어 물가로 몰려드네
바다의 새아가씨
헤엄 시합이 열렸다고

이봐 저 중에서
어느 누가 일등이냐
남녘 마을 숫총각이
약혼 편지 드린단다

6
관리들이 갖신을 질질 끌고
나루터를 돌아다니네
올해부터는 선첩*을
선혜청*에서 타 가야 한다며

고기잡이 어부생활
경기 좋다 말하지 마소
올망졸망한 어구들조차
몽땅 다 적어 가네

---

* **선첩** 어부 허가장. 원주에 군역 제도를 실시한 후로 사소한 관첩이라도 모두 선혜청에서 직
  접 수표하였다.
* **선혜청**(宣惠廳) 조선 시대 때, 대동미 · 대동목의 출납을 관장하던 관청.

7
북소리가 둥둥둥 울려 퍼지자
짐배가 둥둥둥 떠나가네
지국총 지국총 어사와*
뱃노래 연신 들려 오네

물귀신 제단 앞에 다다르자
너도 나도 절하면서
마음 속으로 비는 말
석 달 열흘만 바람이 멈추게 해 주소서

＊ 지국총 지국총 어사와 흥을 돋우기 위해 내는 〈어부가〉 후렴의 하나.

8
육방관속* 콧날 높아
동헌* 대청을 내려다보고
주패홍패 쉴 사이 없이
어촌을 찾아오네

연해연송 내리는 관첩
진짜진짜 어이 가랴
고을문은 예로부터
호랑이와 승냥이 소굴이란다

---

* **육방관속**(六房官屬) 군급의 행정 부서인 이방 · 호방 · 예방 · 병방 · 형방 · 공방 등의 육방
   에 소속된 아전.
* **동헌**(東軒) 고을 원이나 감사 · 병사 · 수사 등이 공사를 처리하던 대청이나 집.

9
완도 앞 큰 배들이
나무를 가득 실어 가네
황장목* 한 대 값이
백 량이 넘는다면서

수염방자 거동 좀 보소
뇌물을 받아 다 삼키고
남쪽 연못가 수양버들 그늘 아래에
곤드라져 누워 있네

볏 모

정약용

1
볏모*가 날마다 무럭무럭 자라나서
파릇파릇한 속잎이 누렇게 변하더니

비단을 펼쳐 놓은 듯
금빛 은빛 색깔로 영롱하게 떠올라라

어린아이 기르듯 정성을 다해
아침 저녁 열심히 보살펴 주었어라

구슬과 옥처럼 귀하고 소중하여
쳐다보기만 해도 마음이 흐뭇했어라

---

* 볏모 벼의 모.

2
봉두난발*한 여인이 하나
논바닥에 퍼더버리고* 앉았어라

방성 통곡*하며 하는 말이
하느님아 이게 웬일인고

차마 어찌 뽑을 수 있으리오
우리 가족 목숨이 달려 있는 이 볏모를

오뉴월 여름철에
찬 바람만 스산히 불어오네

3
싱싱하게 자라는 볏모를
내 손으로 직접 뽑아 버리다니

무럭무럭 자라는 볏모를
내 손으로 죽여 버리다니

＊ 봉두난발(蓬頭亂髮) 쑥대강이처럼 마구 흐트러진 머리털.
＊ 퍼더버리다 팔다리를 아무렇게나 뻗어 버리다.
＊ 방성 통곡(放聲痛哭) 목을 놓아 몹시 섧게 욺.

싱싱하게 자라는 볏모를
가래처럼 매 버리다니

무럭무럭 자라는 볏모를
가랑잎처럼 태워 버리다니

4
뽑아서 묶어서 한꺼번에
시냇가 진펄*에 두어나 볼까

행여나 하늘에서 비를 내려 주신다면
논에 다시 갖다 꽂아나 보게

나에게 아들 셋이 있어
젖 먹이고 밥 먹여서 길렀어라

그 아들 하나를 바쳐서라도
죽어가는 이 모를 살리고 싶을 뿐이네

‖ 지은이 ‖
정약용(1762~1836)
　조선 말기의 학자. 호는 다산. 조선 후기에 유형원과 이익의 실학을 집
대성하였다. 저서로는 〈목민심서〉, 〈경세 유표〉 등이 있다.

* 진펄　진창으로 된 벌.

부록

작품 스터디

● 한국의 시조

조선 시대의 대표적인 시가 문학인 시조는 800여 년을 두고 민족의 얼과 정서를 담아 줄기차게 오늘날까지 이른 빛나는 민족 문학이다. 시조가 형성된 것은 고려 후기이지만, 조선 시대에 와서 새로운 지도 이념인 성리학과 한글이라는 표기 수단을 기반으로 더욱 융성하여 사대부 계급의 대표적인 국문 서정시로 자리잡았다. 고려 시대의 시조가 임금에 대한 충절이나 옛 자취를 돌이켜 생각하는 것, 즉 회고를 중심으로 노래하였다면, 조선 전기의 시조는 성리학적 이념을 비롯하여 안빈낙도하는 선비의 삶, 남녀 간의 애정 등으로 주제가 훨씬 다양해졌다.

시조의 형식을 살펴보면, 초장·중장·종장의 3장이라는 단순한 형식을 띠고 있다. 그리고 각 장마다 3·4음절로 된 시구가 4구씩 이어져서 전체 12구로 짜여져 있다. 시조를 분류할 때 이 같은 기본 형식에 충실한 시조를 평시조라고 하는데, 평시조는 절제된 형식 속에 유장한 기품과 심오한 시적 정서를 담아 미적인 완결성을 이루고 있는 것이 특징이다.

시조에는 평시조 외에 엇시조라는 것도 있는데, 엇시조는 평시조에서 초·중장 가운데 어느 한 장의 자수가 무제한으로 길어지고 종장에는 별 변화가 없는 중간 길이의 시조를 말한다.

한편, 사설시조는 평시조보다 초·중장이 제한없이 길고 종장도 어느 정도 길어진 시조를 일컫는다. 이처럼 평시조의 절제된 형식을 깨고 자유 분방한 시 형식을 추구한 사설시조에는 서민들의 애환과 현실에 대한 풍자 및 해학 등이 담겨 있는 작품이 많다.

그 밖에도 시조에는 연시조라는 것이 있다. 연시조란 한 제목 밑에 여러 수의 평시조를 엮어 나간 시조를 가리키는데, 고시조에서는 평시조를 연작하는 것이 관례처럼 행해졌다. 문헌에 나타난 최초의 연시조는 맹사성의 〈강호사시가〉이다. 연시조에는 한 편이 똑같은 주제 아래 연작된 것과 주제가 각기 다른 여러 수를 하나의 제목으로 묶은 것의 두 가지 유형이 있다. 모두 10수로 이루어진 〈고산구곡가〉는 각각의 시가 모여 고산 구곡 전체를 표현하고 있기 때문에 전자에 해당하며, 〈어부사시사〉도 마찬가지이다. 그러나 〈도산십이곡〉은 제목만 하나로 묶여 있을 뿐 그 내용은 12수가 모두 별개의 주제이기 때문에 후자에 해당한다.

조선 전기의 시조에 담긴 사대부들의 정신 세계를 살펴보면, 크게 충이나 효와 같은 유교적 이념을 전달하여 백성을 가르치려는 경향과 자연과 친화하면서 안빈낙도의 삶을 추구하려는 경향으로 나누어진다. 이이의 〈고산구곡가〉, 정철의 〈훈민가〉 등이 전자에 속한다면, 이황의 〈도산십이곡〉, 맹사성의 〈강호사시가〉 등은 후자에 속한다고 할 수 있을 것이다.

한편, 유학자들과 가까운 관계에 있으면서 또다른 시조 작가군을 이루었던 기녀들은 유학자들과는 다른 작품 세계를 만들어 냈다. 기녀들의 시조는 인간적인 정서를 구체적이고도 섬세한 언어로 표현한 것이 대부분으로, 시조의 대중화 · 일반화에 중요한 역할을 담당하였다. 기녀 시인 가운데 가장 대표적인 인물로 꼽히고 있는 황진이는, 남녀 간의 사랑을 재치 넘치는 표현을 빌어 아름답게 형상화한 것으로 특히 유명하다.

그러다가 조선 후기에 들어서면서 김천택이나 김수장과 같은 평민 가객들이 등장하기 시작하였다. 이들 평민 가객은 풍자와 해학 등 시조의 새로운 성격을 개척하였으며, 시조 창법을 개발하고 시조집을 펴내는 등의 활발한 활동을 펼쳤다. 앞에서 살펴본 사설시조가 바로 이 무렵에 발달한 것으로, 사설시조는 평민들의 꾸밈없는 감정을 소박하게 형상화하는 그릇 역할을 하였다.

현재 전해지고 있는 조선 시대의 시조집에는 〈청구영언〉, 〈가곡원류〉, 〈고금가곡〉, 〈동가선〉, 〈남훈태평가〉 등이 있다.

논술 가이드

첫번째는 송순의 작품이고, 두 번째는 맹사성이 쓴 〈강호사시가〉의 일부입니다. 시조를 읽고 다음 문제에 답하시오.

[문항 1]

> 십 년을 경영하여 초려삼간 지어 내어
> 나 한 칸 달 한 칸에 청풍 한 칸 맡겨 두고
> 강산은 들일 데 없으니 둘러 두고 보리라

> 강호에 가을이 드니 고기마다 살져 있다
> 소정에 그물 싣고 흘리 띄워 더져 두고
> 이 몸이 소일하옴도 역군은이샷다

(1) 위 첫번째 시조의 종장, 즉 밑줄 친 부분에서 연상되는 그림을 머릿속에 그려 봅시다. 그리고 그 이미지를 통해 강산을 무엇에 비유했는지를 한 단어로 적어 봅시다.

----

(2) 두 시조 속에는 지은이의 삶의 자세가 잘 드러나 있습니다. 이 두 작품에서 공통으로 엿보이는 지은이의 인생관이 무엇인지 서술해 봅시다.

윤선도의 〈어부사시사〉의 일부입니다. 시조를 읽고 다음 문제에 답하시오.
[문항 2]

춘사
앞개에 안개 걷고 뒷뫼에 해 비친다
배 떠라 배 떠라
밤물은 거의 지고 낮물이 밀어 온다
지국총 지국총 어사와
강촌 온갖 꽃이 먼 빛이 더욱 좋다

하사
연잎에 밥 싸 두고 반찬을랑 장만 마라
닻 들어라 닻 들어라
청약립은 써 있노라 녹사의 가져 오냐
지국총 지국총 어사와
무심한 백구는 내 좇는가 제 좇는가

추사
수국에 가을이 드니 고기마다 살져 있다
닻 들어라 닻 들어라
만경 징파에 슬카지 용여하자
지국총 지국총 어사와
인간을 돌아보니 멀도록 더욱 좋다

동사
간밤에 눈 갠 후에 경물이 달랐고야
이어라 이어라
앞에는 만경유리 뒤에는 천첩 옥산
지국총 지국총 어사와
선곈가 불곈가 인간이 아니로다

아래에 제시된 것은 위 작품에 대한 설명입니다. 구체적으로 어느 부분에 대한 설명인지 도표의 해당란에 ○표 해 봅시다.

내 용	춘사	하사	추사	동사
갈매기와 화자가 하나가 되는 물아 일체의 경지				
속세를 벗어나고 싶은 심정				
공간적, 시간적 대조어의 절묘한 어우러짐				
새로워진 경치를 바라보는 화자의 즐거운 심정				
어부의 소박하면서도 여유로운 삶				
풍성한 이미지를 통한 계절의 풍요로움을 노래				

첫번째 글은 이개의 시조이고, 두 번째 글은 이 시조에 대한 해설을 적은 것입니다. 두 글을 읽고 다음 문제에 답하시오.

[문항 3]

> 방 안에 혓는 촉불 눌과 이별하였관대
> 겉으로 눈물지고 속타는 줄 모르는고
> 저 촉불 날과 같아서 속타는 줄 모르도다

> 이개의 〈방 안에 혓는 촉불〉은 수양대군의 계유정난 이후 영월에 유배되어 가는 단종과 이별하는 슬픔을 노래한 시조이다. 겉으로 보이는 것은 눈물뿐이지만 속에서는 더욱 뜨거운 충정이 타오르고 있음을 차분하고도 완곡한 어조로 노래하고 있다.

(1) 위 시조에서 '촉불'이 뜻하는 바는 무엇인지 생각해 봅시다.

----

(2) 위 시조에서 촛농이 흐르고 있는 모습과 초의 심지가 타들어 가는 모습을 비유한 시어가 무엇인지 각각 찾아서 적어 봅시다.

----

(3) 위 해설을 참고로 하여 이 시조의 주제를 한 문장으로 요약해 봅시다.

첫번째 글은 조식의 시조이고, 두 번째 글은 이 시조를 현대어로 풀이한 것입니다. 두 글을 읽고 다음 문제에 답하시오.

[문항 4]

> 삼동에 베옷 닙고 암혈에 눈비 맞아
> 구름 낀 볏뉘를 쬔 적이 없건마는
> 서산에 해 지다 하니 눈물 겨워 하노라

> 한겨울에 베로 지은 옷 입고, 바위굴에 눈비 맞고 있으며
> (벼슬한 적이 없이 산중에 은거한 몸이며)
> 구름 사이에 비치는 햇볕도 쬔 적이 없건마는
> (임금의 은혜를 입은 적도 없지만)
> 서산에 해가 졌다는 소식을 들으니 눈물이 난다.
> (임금께서 승하하셨다는 소식을 들으니 눈물이 난다.)

(1) 위 시조의 현대어 풀이를 참고로 하여 다음 사항을 뜻하는 시어를 찾아 써 봅시다.

관직에 있지 않음	
임금의 작은 은총	
임금(중종)	

(2) 이 시조에서 느껴지는 지은이의 심정에 대해 이야기해 봅시다.

〈베스트논술 한국대표문학〉(전60권) 목록

권별	작품	작가
1	무정 I	이광수
2	무정 II	이광수
3	무명 · 꿈 · 옥수수 · 할멈	이광수
4	감자 · 시골 황 서방 · 광화사 · 붉은 산 · 김연실전 외	김동인
5	발가락이 닮았다 · 왕부의 낙조 · 전제자 · 명문 외	김동인
6	배따라기 · 약한 자의 슬픔 · 광염 소나타 외	김동인
7	B사감과 러브레터 · 서투른 도적 · 술 권하는 사회 · 빈처 외	현진건
8	운수 좋은 날 · 까막잡기 · 연애의 청산 · 정조와 약가 외	현진건
9	벙어리 삼룡이 · 뽕 · 젊은이의 시절 · 행랑 자식 외	나도향
10	물레방아 · 꿈 · 계집 하인 · 별을 안거든 우지나 말 걸 외	나도향
11	상록수 I	심훈
12	상록수 II	심훈
13	탈춤 · 황공의 최후 / 적빈 · 꺼래이 · 혼명에서 외	심훈 / 백신애
14	태평 천하	채만식
15	레디메이드 인생 · 순공 있는 일요일 · 쑥국새 외	채만식
16	명일 · 미스터 방 · 민족의 죄인 · 병이 낫거든 외	채만식
17	동백꽃 · 산골 나그네 · 노다지 · 총각과 맹꽁이 외	김유정
18	금 따는 콩밭 · 봄봄 · 따라지 · 소낙비 · 만무방 외	김유정
19	백치 아다다 · 마부 · 병풍에 그린 닭이 · 신기루 외	계용묵
20	표본실의 청개구리 · 두 파산 · 이사 외 / 모범 경작생	염상섭 / 박영준
21	탈출기 · 홍염 · 고국 · 그믐밤 · 폭군 · 박돌의 죽음 외	최서해
22	메밀꽃 필 무렵 · 낙엽기 · 돈 · 석류 · 들 · 수탉 외	이효석
23	분녀 · 개살구 · 산 · 오리온과 능금 · 가을과 산양 외	이효석
24	무녀도 · 역마 · 까치 소리 · 화랑의 후예 · 등신불 외	김동리
25	하수도 공사 · 지맥 / 그 날의 햇빛은 · 갈가마귀 그 소리	박화성 / 최정희 / 손소희
26	지하촌 · 소금 · 원고료 이백 원 외 / 경희	강경애 / 나혜석
27	제3인간형 / 제일과 제일장 외 / 사랑 손님과 어머니 외	안수길 / 이무영 / 주요섭
28	날개 · 오감도 · 지주 회시 · 환시기 · 실화 · 권태 외	이상
29	봉별기 · 종생기 · 조춘점묘 · 지도의 암실 · 추등잡필	이상
30	화수분 외 / 김 강사와 T교수 · 창랑 정기 / 성황당	전영택 / 유진오 / 정비석

권별	작품	작가
31	민촌 / 해방 전후 · 달밤 외 / 과도기 · 강아지	이기영 / 이태준 / 한설야
32	소설가 구보씨의 일일 / 장삼이사 · 비오는 길 /	박태원 / 최명익
	석공 조합 대표 / 낙동강 · 농촌 사람들 · 저기압	송영 / 조명희
33	모래톱 이야기 · 사하촌 외 / 갯마을 / 혈맥 / 전황당인보기	김정한 / 오영수 / 김영수 / 정한숙
34	바비도 외 / 요한 시집 / 젊은 느티나무 외 / 실비명 외	김성한 / 장용학 / 강신재 / 김이석
35	잉여 인간 / 불꽃 / 꺼삐딴 리 · 사수 / 연기된 재판	손창섭 / 선우휘 / 전광용 / 유주현
36	탈향 외 / 수난 이대 외 / 유예 / 오발탄 외 / 4월의 끝	이호철/ 하근찬/ 오상원/ 이범선/ 한수산
37	총독의 소리 / 유형의 땅 / 세례 요한의 돌	최인훈 / 조정래 / 정을병
38	어둠의 혼 / 개미귀신 / 무진 기행 · 서울 1964년 겨울 외	김원일 / 이외수 / 김승옥
39	뫼비우스의 띠 / 악령 / 식구	조세희 / 김주영 / 박범신
	관촌 수필 / 기억 속의 들꽃 / 젊은 날의 초상	이문구 / 윤흥길 / 이문열
40	김소월 시집	김소월
41	윤동주 시집	윤동주
42	한용운 시집	한용운
43	한국 고전 시가와 수필	유리왕 외
44	한국 대표 수필선	김진섭 외
45	한국 대표 시조선	이규보 외
46	한국 대표 시선	최남선 외
47	혈의 누 · 모란봉	이인직
48	귀의 성	이인직
49	금수 회의록 · 공진회 / 추월색	안국선 / 최찬식
50	자유종 · 구마검 / 애국부인전 / 꿈하늘	이해조 / 장지연 / 신채호
51	삼국유사	일연
52	금오신화 / 홍길동전 / 임진록	김시습 / 허균 / 작자 미상
53	인현왕후전 / 계축일기	작자 미상
54	난중일기	이순신
55	흥부전 / 장화홍련전 / 토끼전 / 배비장전	작자 미상
56	춘향전 / 심청전 / 박씨전	작자 미상
57	구운몽 · 사씨 남정기	김만중
58	한중록	혜경궁 홍씨
59	열하일기	박지원
60	목민심서	정약용

〈베스트 논술 한국대표문학〉에 실린 소설과 교과서 대조표

* 〈베스트 논술 한국대표문학〉에 실린 소설과 현행 국어·문학 18종 교과서의 수록 내용을 비교·분석하였다.

● 초등 학교 교과서(국어)

금오신화, 구운몽, 심청전,
흥부전, 토끼전, 박씨전,
장화홍련전, 홍길동전

● 국정 교과서

작품	작가	교과목
고향	현진건	고등 학교 문법
동백꽃	김유정	중학교 국어 2-1, 중학교 국어 3-1
벙어리 삼룡이	나도향	중학교 국어 1-1
봄봄	김유정	고등 학교 국어(상)
사랑 손님과 어머니	주요섭	중학교 국어 2-1
오발탄	이범선	중학교 국어 3-1
운수 좋은 날	현진건	중학교 국어 3-1

● 고등 학교 문학 교과서

작품	작품	출판사
감자	김동인	교학, 지학, 디딤돌, 상문
갯마을	오영수	문원, 형설
고향	현진건	두산, 지학, 청문, 중앙, 교학, 문원, 민중, 블랙, 디딤돌
관촌 수필	이문구	지학, 문원, 블랙
광염 소나타	김동인	천재, 태성

금 따는 콩밭	김유정	중앙
금수회의록	안국선	지학, 문원, 블랙, 교학, 대한, 태성, 청문, 디딤돌
김 강사와 T교수	유진오	중앙
까마귀	이태준	민중
꺼삐딴 리	전광용	지학, 중앙, 두산, 블랙, 디딤돌, 천재, 케이스
날개	이상	문원, 교학, 중앙, 민중, 천재, 형설, 청문, 태성, 케이스
논 이야기	채만식	두산, 상문, 중앙, 교학
닳아지는 살들	이호철	천재, 청문
동백꽃	김유정	금성, 두산, 블랙, 교학, 상문, 중앙, 지학, 태성, 형설, 디딤돌, 케이스
두 파산	염상섭	문원, 상문, 천재, 교학
등신불	김동리	중앙, 두산
만무방	김유정	민중, 천재, 두산
메밀꽃 필 무렵	이효석	금성, 상문, 중앙, 교학, 문원, 민중, 블랙, 디딤돌, 지학, 청문, 천재, 케이스
모래톱 이야기	김정한	디딤돌, 교학, 문원
모범경작생	박영준	중앙
뫼비우스의 띠	조세희	두산, 블랙
무녀도	김동리	천재, 지학, 청문, 금성, 문원, 민중, 케이스

작품	작가	출판사
무정	이광수	디딤돌, 금성, 두산, 교학, 한교
무진기행	김승옥	두산, 천재, 태성, 교학, 문원, 민중, 케이스
바비도	김성한	민중, 상문
배따라기	김동인	상문, 형설, 중앙
벙어리 삼룡이	나도향	민중
복덕방	이태준	블랙, 교학
봄봄	김유정	디딤돌, 문원
붉은 산	김동인	중앙
B사감과 러브레터	현진건	교학
사랑 손님과 어머니	주요섭	중앙, 디딤돌, 민중, 상문
사수	전광용	두산
사하촌	김정한	중앙, 문원, 민중
산	이효석	문원, 형설
서울, 1964년 겨울	김승옥	문원, 블랙, 천재, 교학, 지학, 중앙
성황당	정비석	형설
소설가 구보씨의 일일	박태원	중앙, 천재, 교학, 대한, 형설, 문원, 민중
수난 이대	하근찬	교학, 지학, 중앙, 문원, 민중, 디딤돌, 케이스
애국부인전	장지연	지학, 한교
어둠의 혼	김원일	천재
역마	김동리	교학, 두산, 천재, 태성, 형설, 상문, 디딤돌

역사	김승옥	중앙
오발탄	이범선	교학, 중앙, 금성, 두산
요한 시집	장용학	교학
운수 좋은 날	현진건	금성, 문원, 천재, 지학, 민중, 두산, 디딤돌, 케이스
유예	오상원	블랙, 천재, 중앙, 교학, 디딤돌, 민중
자유종	이해조	지학, 한교
장삼이사	최명익	천재
전황당인보기	정한숙	중앙
젊은 날의 초상	이문열	지학
젊은 느티나무	강신재	블랙, 중앙, 문원, 상문
제일과 제일장	이무영	중앙
치숙	채만식	문원, 청문, 중앙, 민중, 상문, 케이스
탈출기	최서해	형설, 두산, 민중
탈향	이호철	케이스
태평 천하	채만식	지학, 금성, 블랙, 교학, 형설, 태성, 디딤돌
표본실의 청개구리	염상섭	금성
학마을 사람들	이범선	민중
할머니의 죽음	현진건	중앙
해방 전후	이태준	천재
혈의 누	이인직	천재, 금성, 민중, 교학, 태성, 청문
홍염	최서해	상문, 지학, 금성, 두산, 케이스
화수분	전영택	태성, 중앙, 디딤돌, 블랙

〈베스트 논술 한국대표문학〉에 실린 시와 교과서 대조표

* 〈베스트 논술 한국대표문학〉에 실린 시와 현행 국어·문학 18종 교과서의 수록 내용을 비교·분석하였다.

작품	작가	출판사
가는 길	김소월	지학, 블랙, 민중
가을의 기도	김현승	블랙
겨울 바다	김남조	지학
고향	백석	형설
국경의 밤	김동환	지학, 천재, 금성, 블랙, 태성
국화 옆에서	서정주	민중
귀천	천상병	지학, 디딤돌
귀촉도	서정주	지학
그 날이 오면	심훈	지학, 블랙, 교학, 중앙
그대들 돌아오시니	정지용	두산
그 먼 나라를 알으십니까	신석정	교학, 대한
껍데기는 가라	신동엽	지학, 천재, 금성, 블랙, 교학, 한교, 상문, 형설, 청문
꽃	김춘수	금성, 문원, 교학, 중앙, 형설
끝없는 강물이 흐르네	김영랑	디딤, 교학
나그네	박목월	천재, 블랙, 중앙, 한교
나룻배와 행인	한용운	문원, 블랙, 대한, 형설
남신의주 유동 박시봉방	백석	지학, 두산, 상문

작품	작가	출판사
남으로 창을 내겠소	김상용	지학, 한교, 상문
내 마음은	김동명	중앙, 상문
내 마음을 아실 이	김영랑	한교
농무	신경림	지학, 디딤, 금성, 블랙, 교학, 형설, 청문
누가 하늘을 보았다 하는가	신동엽	두산
눈길	고은	문원
님의 침묵	한용운	지학, 천재, 두산, 교학, 민중, 한교, 태성, 디딤돌
떠나가는 배	박용철	지학, 한교
머슴 대길이	고은	디딤돌, 천재
먼 후일	김소월	청문
모란이 피기까지는	김영랑	지학, 천재, 금성, 형설
목계 장터	신경림	문원, 한교, 청문
목마와 숙녀	박인환	민중
바다와 나비	김기림	금성, 블랙, 한교, 대한, 형설
바위	유치환	금성, 문원, 중앙, 한교
별 헤는 밤	윤동주	문원, 민중
봄은 간다	김억	한교, 교학
봄은 고양이로다	이장희	블랙

작품	작가	출판사
불놀이	주요한	금성, 형설
빼앗긴 들에도 봄은 오는가	이상화	지학, 천재, 문원, 블랙, 디딤돌, 중앙
산 너머 남촌에는	김동환	천재, 블랙, 민중
산유화	김소월	두산, 민중
살아 있는 것이 있다면	박인환	대한, 교학
살아 있는 날은	이해인	교학
생명의 서	유치환	한교, 대한
샤갈의 마을에 내리는 눈	김춘수	지학, 블랙, 태성
서시	윤동주	디딤돌, 민중
설일	김남조	교학
성묘	고은	교학
성북동 비둘기	김광섭	지학
쉽게 씌어진 시	윤동주	지학, 디딤돌, 중앙
승무	조지훈	지학, 디딤돌, 금성
알 수 없어요	한용운	중앙, 대한
어서 너는 오너라	박두진	디딤돌, 금성, 한교, 교학
오감도	이상	디딤돌, 대한
와사등	김광균	민중
우리가 물이 되어	강은교	지학, 문원, 교학, 형설, 청문, 디딤돌
우리 오빠의 화로	임화	디딤돌, 대한
울음이 타는 가을 강	박재삼	지학, 교학
자수	허영자	교학

작품	작가	출판사
자화상	노천명	민중
절정	이육사	지학, 천재, 금성, 두산, 문원, 블랙, 교학, 태성, 청문, 디딤돌
접동새	김소월	교학, 한교
조그만 사랑 노래	황동규	문원, 중앙
즐거운 편지	황동규	지학, 형설, 청문
진달래꽃	김소월	천재, 태성
청노루	박목월	지학, 문원, 상문
초토의 시 8	구상	지학, 천재, 두산, 상문, 태성
초혼	김소월	디딤돌, 금성, 문원
타는 목마름으로	김지하	디딤돌, 금성, 문원, 민중
풀	김수영	지학, 금성, 민중, 한교, 태성
프란츠 카프카	오규원	천재, 태성
피아노	전봉건	태성
해	박두진	두산, 블랙, 민중, 형설
해에게서 소년에게	최남선	지학, 천재, 금성, 두산, 문원, 민중, 한교, 대한, 형설, 태성, 청문, 디딤돌
향수	정지용	지학, 문원, 블랙, 교학, 한교, 상문, 청문, 디딤돌

〈베스트 논술 한국대표문학〉에 실린 시조와 교과서 대조표

* 〈베스트 논술 한국대표문학〉에 실린 시조와 현행 국어 · 문학 18종 교과서의 수록 내용을 비교 · 분석하였다.

작품	작가	출판사
가노라 삼각산아	김상헌	교학, 형설
가마귀 눈비 맞아	백팽년	교학
가마귀 싸우는 골에	정몽주 어머니	교학
강호 사시가	맹사성	디딤돌, 두산, 교학
고산구곡	이이	한교
공명을 즐겨 마라	김삼현	지학
구름이 무심탄 말이	이존오	천재
국화야 너난 어이	이정보	블랙
녹초 청강상에	서익	지학
농암가	이현보	민중
뉘라서 가마귀를	박효관	교학
님 그린 상사몽이	박효관	천재
대추볼 붉은 골에	황희	중앙
도산 십이곡	이황	디딤돌, 블랙, 민중, 형설, 태성
동짓달 기나긴 밤을	황진이	지학, 천재, 금성, 두산, 문원, 교학, 상문, 대한
마음이 어린후니	서경덕	지학, 금성, 블랙, 한교
말없는 청산이요	성혼	지학, 천재
방안에 혔는 촛불	이개	천재, 금성, 교학
백구야 말 물어보자	김천택	지학
백설이 자자진 골에	이색	지학
삭풍은 나무끝에	김종서	중앙, 형설
산촌에 눈이 오니	신흠	지학

작품	작가	출판사
삼동에 베옷 닙고	조식	지학, 형설
산인교 나린 물이	정도전	천재
수양산 바라보며	성삼문	천재, 교학
십년을 경영하여	송순	지학, 금성, 블랙, 중앙, 한교, 상문, 대한, 형설
어리고 성긴 매화	안민영	형설
어부사시사	윤선도	금성, 문원, 민중, 상문, 대한, 형설, 청문
오리의 짧은 다리	김구	청문
오백년 도읍지를	길재	블랙, 청문
오우가	윤선도	형설
이몸이 죽어가서	성삼문	지학, 두산, 민중, 대한, 형설
이시렴 부디 갈다	성종	지학
이화에 월백하고	이조년	디딤돌, 천재, 두산
이화우 흣뿌릴 제	계랑	한교
재너머 성권농 집에	정철	천재, 형설
천만리 머나먼 길에	왕방연	문원, 블랙
청산리 벽계수야	황진이	지학
추강에 밤이 드니	월산대군	천재, 금성, 민중
춘산에 눈녹인 바람	우탁	디딤돌
풍상이 섞어 친 날에	송순	지학, 청문
한손에 막대 잡고	우탁	금성
훈민가	정철	지학, 금성
흥망이 유수하니	원천석	천재, 중앙, 한교, 디딤돌, 대한

〈베스트 논술 한국대표문학〉에 실린 수필과 교과서 대조표

* 〈베스트 논술 한국대표문학〉에 실린 수필과 현행 국어 · 문학 18종 교과서의 수록 내용을 비교 · 분석하였다.

작품	작가	출판사
가난한 날의 행복	김소운	천재
가람 일기	이병기	지학
구두	계용묵	디딤돌, 문원, 상문, 대한
그믐달	나도향	블랙, 태성
꼴찌에게 보내는 갈채	박완서	태성
나무	이양하	상문
나무의 위의	이양하	문원, 태성
낭객의 신년 만필	신채호	두산, 블랙, 한교
딸깍발이	이희승	지학, 디딤돌, 청문
멋없는 세상 멋있는 사람	김태길	중앙
무궁화	이양하	디딤돌
백설부	김진섭	지학, 천재, 형설, 태성, 청문
생활인의 철학	김진섭	지학, 태성
수필	피천득	지학, 천재, 한교, 태성, 청문
수학이 모르는 지혜	김형석	청문
슬픔에 관하여	유달영	문원, 중앙
웃음설	양주동	교학, 태성
은전 한 닢	피천득	금성, 대한
이야기	피천득	지학, 청문
인생의 묘미	김소운	지학
지조론	조지훈	블랙, 한교
청춘 예찬	민태원	금성, 블랙
특급품	김소운	교학
폭포와 분수	이어령	지학, 블랙
피딴 문답	김소운	디딤돌, 금성, 한교
행복의 메타포	안병욱	교학
헐려 짓는 광화문	설의식	두산

베스트 논술 한국 대표문학 ㊺

한국 대표 시조선

지은이 이규보 외
펴낸이 류성관
펴낸곳 SR&B(새로본닷컴)
주 소 서울특별시 마포구 망원동 463-2번지
전 화 02)333-5413
팩 스 02)333-5418
등 록 제10-2307호
인 쇄 만리 인쇄사